数字经济时代
传统企业的
进化之路

莫 可◎著

中华工商联合出版社

图书在版编目（CIP）数据

数字经济时代传统企业的进化之路 / 莫可著.—北京 : 中华工商联合出版社, 2023.10

ISBN 978-7-5158-3787-1

Ⅰ.①数… Ⅱ.①莫… Ⅲ.①数字技术–应用–企业管理–研究–中国 Ⅳ.① F279.23-39

中国国家版本馆 CIP 数据核字 (2023) 第 191089 号

数字经济时代传统企业的进化之路

作　　者：莫　可
出品人：刘　刚
责任编辑：胡小英　楼燕青
装帧设计：识途文化
责任审读：付德华
责任印制：陈德松
出版发行：中华工商联合出版社
印　　刷：三河市宏盛印务有限公司
版　　次：2024年1月第1版
印　　次：2024年1月第1次印刷
开　　本：787mm×1092mm　　　　1/16
字　　数：200千字
印　　张：11
书　　号：ISBN 978-7-5158-3787-1
定　　价：58.00元

服务热线：010-58301130-0（前台）
销售热线：010-58302977（网店部）
　　　　　010-58302166（门店部）
　　　　　010-58302837（馆配部、新媒体部）
　　　　　010-58302813（团购部）
地址邮编：北京市西城区西环广场A座
　　　　　19-20层，100044
http://www.chgslcbs.com.cn
投稿热线：010-58302907（总编室）
投稿邮箱：1621239583@qq.com

前　言

　　数字化新技术正在带来新的商业模式和管理模式，各行各业正在朝全业务、全流程、全场景的数字化方向转型。在这场产业变革中，风险与挑战并存，企业不得不在"战略机遇"与"沉没成本"中寻找合适的机会点。而作为企业数字化的领军者，CIO（首席信息官）们更需要深度交流，以明大势，洞察真相，从而规避数字化转型道路上的各种陷阱。企业数字化没有规定的模式，不同行业、不同企业、同一企业不同阶段的价值点也都不一样，我们需要在不确定的未来去探索。面对未来的不确定性，企业需要采取适当的策略和方法，才可能真正创造有效的价值，避免成为"前浪"。

　　数字经济属于信息经济发展的高级阶段，是在信息与数字技术的发展过程中产生的一种新的经济形态。近年来，数字经济增长非常迅速，特别是随着大数据、云计算、物联网、人工智能等数字技术的兴起并逐渐向传统领域渗透，数字经济已经超越单纯的信息通信技术等数字技术产业范畴，进一步升级到以数据为生产要素、以现代互联网与数字平台为重要载体，不断驱动传统产业数字化、平台化、普惠化发展的数字经济时代。经过近几年的数字技术发展及其向传统领域的融合、渗透及大规模的扩散应用，我国的数字经济由萌芽、快速发展走向成熟阶段。

　　伴随着数字产品的日新月异，数字经济正在迅速蔓延。数字经济是新经济的核心，将发达国家和地区与不发达国家和地区更紧密地联系了起来。数字经济活动并不否定经济集聚效应，相反，由于空间性的存在，这种经济集聚效应似乎变得更加明显，经济活动的空间相关性也变得更加显著，只是解读的视角不仅要考虑地理空间性，也需要关注文化、经济、人口等非地理维度的空间性，由此需要研究数字经济特有的空间增长机制。

目前，数字经济逐渐成为全球经济增长的重要动力与主要内容。未来，以大数据、云计算、人工智能、物联网、区块链等为代表的新一代数字技术革命将席卷全球，并在经济社会各领域得到更加迅速及广泛的渗透应用，从而催生出以数字经济为代表的新一轮产业变革，这也必将推动产业界甚至全社会向数字化转型，数字经济终将成为全球经济发展的主线与新动能，全球将进入数字经济主导的新时代。

要抓好数字经济，就要抓好大数据、互联网、云计算、人工智能，使新一代信息技术与企业的发展深度融合，催生新技术、新产品、新产业、新业态和新模式。同时要自主创新，矢志不移地进行科技攻关，实现自主可控，促进企业数字化转型升级。这也是发展数字经济最主要的目标之一。如何实现企业数字化转型升级，深化企业变革，是当前企业发展的关键点。

目　　录

第一章 传统企业数字化发展概述

第一节 数字化的内涵

到底何谓数字化？到底应该怎么理解这一热门概念呢？各个咨询公司、研究机构、TT 公司都结合自身的理解给出了数字化的定义。我们发现，大家在谈论数字化概念时经常不在一个频道上。例如，IT 公司在谈到数字化时不论前面怎么铺垫，后面落地的都是实现转型的软硬件技术、平台、工具。而咨询公司则认为转型最重要的是战略、是管理，兜售的一定是一套管理理念、方法。政府工作报告里的数字化转型更宏观，更多强调的是传统经济向数字经济的迁移。

应该说，这些关于数字化转型的认识都有其正确的一面，都是从一个侧面描述了数字化转型的某种特征。鉴于数字化是一个如此复杂的概念，本书认为可以从以下四个维度去深入理解其内涵，具体如图 1-1 所示：

图 1-1 理解数字化内涵的四个维度

第一个是要素数字化，即从技术角度看传统要素如何数字化。这是分析的起点，更多是从技术的角度分析数字化是什么？数字化与传统的信息化到底有什么差异？

第二个是互联网企业创新。从产业应用与创新视角，分析数字化技术到底如何影响产业创新，到底催生了什么样的商业文明？从这个角度看，典型代表是互联网企业，正是在数字化技术的推动下，诞生了一批成功的数字化原生企业，它们是数字化浪潮之巅的引领者。

第三个是传统企业的数字化转型。在数字化技术的冲击下，传统企业面临内外部的冲击，传统的业务与管理都遭遇重重危机，必须借助新技术开展业务创新与转型。

第四个是数字经济。数字化产业自身就是一个朝气蓬勃的产业，数字化技术又成为推动产业转型升级的新动能，这双重身份助推动了数字经济的诞生与繁荣。

接下来，本书就从这四个维度分别阐述数字化的内涵。

一、要素数字化：从数据生产的层级上理解数字化

我们经常会提到与信息、数据类似的几个概念，比如知识、智慧，这几个

看似差不多的概念其实是有层级关系的，具体如图 1-2 所示：

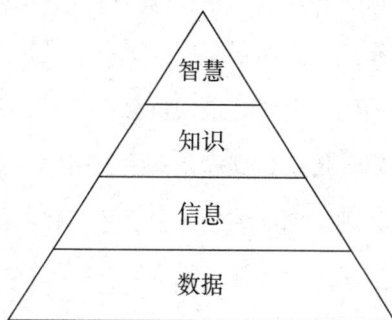

图 1-2 数据、信息、知识、智慧的层级关系

数据：是对客观事物的数量、属性、位置及其相互关系进行抽象表示，以人工或自然的方式进行保存、传递和处理。如果做一个比喻的话，数据就是含有黄金的沙子，数据量非常大，但含金量往往并不高。

信息：是具有时效性的，有一定含义的，有逻辑的、经过加工处理的、对决策有价值的数据流。信息可以比喻为沙子中的黄金，吹尽黄沙始到金，这个淘金的过程也就是数据向信息转化的过程。

知识：通过人们的参与对信息以归纳、演绎、比较等手段进行挖掘，有价值的部分沉淀下来，并与已经存在的人类知识体系相结合，这部分有价值的信息就转变成了知识。知识就像是一串金项链，通过系统化的梳理，变得有条理，结构清晰。

智慧：是人类基于已有的知识，针对物质世界运动过程中产生的问题，根据获得的信息进行分析、对比、演绎找出解决方案的能力。如果沿用前面金子的比喻，智慧就好比如何把那串金项链戴在你心仪的女神的脖子上。

由于技术发展的原因，我们的 TT 应用是从信息化阶段开始的，信息化时代，因为技术手段有限，我们在使用 IT 系统时经常需要手工录入数据，所以数据量就不可能太大，很多数据是经过人工计算形成一条信息后才录入系统，再依靠关系数据库加以管理。在这个过程中会存在两大挑战：第一个挑战是，IT系统通常只是一个简单的信息存储工具，并没有减少人工数据处理的工作量，反而增加了系统录入的工作量，这给很多一线工作人员带来了额外的负担，因此很多软件难以推广，即使勉强上线，最后也会不了了之；第二个挑战是，数据存储与处理的技术不成熟，传统数据库是关系数据库，只能处理结构化数据，非结构化数据难以有效处理，而非结构化数据才是数据的主体，这也使得信息化系统能够发挥价值的空间大大受限。

随着人工智能、大数据、云计算等一系列新兴技术的发展，数据的录入渠道已经不仅仅限于人工录入，IT技术自身能够记录事物的运行过程，我们可以利用技术把现实的缤纷世界在计算机世界全息重建，将物理世界运行的轨迹自动转化成0和1表示的二进制代码，并将这一过程产生的数据进行多维集成和实时分析，这一过程就是信息的数字化过程。目前的技术已经能够实现数据的自动记录、整合、分析、利用，实现数据自动向信息层级的跃迁。从这个层面去理解，数字化就是要把物理系统在计算机系统中仿真虚拟出来，在计算机系统里体现物理世界。而且，随着技术的发展，用数字记录物理世界的发展空间会越来越大。

因此，从技术角度看，数字化实现了两个层面的升级：一是将企业工作场景中必须用到的数据、文字、图像、语音等各种要素，通过人机交互、传感器等自动化手段，自动转换为二进制数据，实现了"数据原生"，把人从大量的数据录入工作中解放出来；二是实现了数据的自动整合、分析，使数据自动变为信息，不仅解放了人的双手，还解放了人的大脑，这是技术的升级与进阶。

二、业务数字化：从业务创新与应用上理解数字化

IT技术的创新会带来新的商业模式，这似乎成为一个常识，但这一改变是如何发生的呢？到底哪些业务是在数字化技术创新下诞生的呢？我们可以用另

一个模型来展示，如图 1-3 所示：

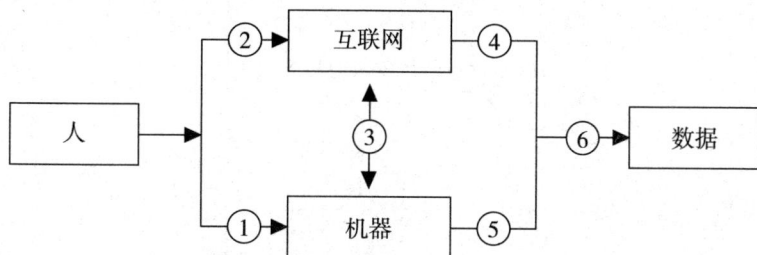

图 1-3 数字化技术创新的逻辑模型

（1）机器的发明解放了人的身体，这是过去 500 年塑造世界格局的主要动力；

（2）数字技术的发展解放了人的大脑，实现了人的在线和连接，创造了无数新的商业模式；

（3）传统机器开始实现智能化，通过数字技术实现自我感应、自动传输、自主决策、自主响应，机器开始连接起来，工业互联网迅速发展；

（4）互联网发展积累了大量数据，这些数据极大地提高了企业的决策和运营水平；

（5）随着机器智能化，机器也在积累大量数据，实现机器智能；

（6）随着数据量的积累，数据开始脱离互联网和机器，成为独立的、有价值的资产，为企业赋能并创造价值。

在这个过程中，共诞生了三类创新企业，它们都是这个时代的佼佼者，引领着时代的发展。数字化技术下催生的三类企业如图 1-4 所示：

```
┌─────────────────────────┐
│                         │
│     数字化创新应用企业      │
│                         │
└─────────────────────────┘
            ▲
            │
┌─────────────────────────┐
│                         │
│     智能软件平台开发企业     │
│                         │
└─────────────────────────┘
            ▲
            │
┌─────────────────────────┐
│                         │
│     智能硬件设备制造企业     │
│                         │
└─────────────────────────┘
```

图 1-4 数字化技术下催生的三类企业

智能硬件设备制造企业：既包含智能计算机、存储和网络设备制造企业，更包含众多的物联网设备制造企业，还有移动通信设备制造企业等。

智能软件平台开发企业：云计算、大数据、物联网系统等的制造企业，与智能硬件设备制造企业一起改变了传统 T 技术的格局，重塑了云、管、端的技术架构。

数字化创新应用企业：主要是利用数字化技术进行行业重塑的企业，它们利用技术或是降低了交易成本，或是提升了人员协同效率，在此过程中开创了诸多传统上不存在的商业模式、盈利模式。

放眼最近 20 多年崛起的企业，一般都是上述某一种或几种模式的组合。这一点从上市领先企业的变迁中便可以看出来。在谈到这个问题时，人们通常喜欢用现在与 10 年前市值排名靠前的企业做对比。20 年之前全球最大的 10 家企业，基本上都是石油、汽车企业。而现在，高市值企业基本变成了数字化高科技企业。股票市值的变迁是互联网企业集体崛起的画像，也是数字化技术快速创新发展、应用的必然结果。这些企业中有部分是智能软件平台开发企业，例如微软；有部分是数字化创新应用企业，例如 Facebook、腾讯、阿里巴巴等；还有部分企业是软硬件及应用全部创新重塑的企业，比如苹果。本质上讲，这个时代，创造财富的核心驱动力是数字底座的制造、数字传输、数据分析、数据应用，并在信息当中抽取知识，用知识不断重组人类社会的现有资源，最终实现财富的快速创造。

在这一过程中，一大批年轻的企业和企业家走进人们的视野，正在深刻地改变着我们的生活和工作方式。这些企业在本领域取得成功后，开始跨界，利用手中的先进技术颠覆诸多的传统产业，原本 2C 的互联网企业开始纷纷向 2B 转型，产业互联网热潮此起彼伏，这也引起了传统企业数字化转型的热潮。

三、数字化转型：传统企业的自我救赎

互联网企业在完成本专业领域的业务建设之后，纷纷开始向传统行业发起挑战，驱动传统企业开始了一场名为数字化转型的自我救赎。对传统企业来说，数字化已经不是简单的内部业务与管理系统化了，其本质是在信息技术驱动下的业务转型，根本目的在于提升企业竞争力。一方面，经济新常态下增长趋缓，竞争加剧，要求企业优化或转变现有管理、业务或商业模式；另一方面，移动终端和互联网的普及令企业能够直接接触最终消费者，更加便捷、准确地了解消费者的需求，加上新一代信息技术的成熟和实用化，让基于数据的、以较低的成本快速满足客户个性需求，并改善用户体验的新的管理、业务或商业模式成为可能。

传统企业的数字化真正的价值不是要改变消费端，而是要改变供给端，也就是制造端。真正的数字化，是通过技术进行价值链的重塑，实现了这些改造，就会诞生无限可能的新产业组合和全新机会。李书福先生结合汽车行业对科技

革命有过一番精彩的论述：汽车产业革命已经开始"暴动"，从理论到实践、从传闻到现实、从小规模到大规模、从局部到全局、从边缘到中央，这是一部正在发生的汽车产业革命剧，是一出充满机遇与挑战的百年汽车变革剧，很精彩。传统汽车公司可以不屑一顾，顽强抵抗，坚持到底，也可以自我颠覆，出奇制胜，化腐朽为神奇。可以被动参加革命，也可以主动发起革命，可以单独闹革命，也可以联合闹革命，可以在坚守老根据地的同时，开辟新的疆域，大家都可以有自己的独立判断，毕竟行业变革才刚刚开始。

总之，数字化转型是以数字化思维，通过数字化技术的应用，构建一个全新的数字世界，对现有商业模式、运营方式、企业文化进行创新和重塑，实现业务价值，从这个角度讲，数字化转型与"互联网+"转型的内涵很类似。但很多传统企业或大企业身上有很多历史包袱，它们的转型之路通常更艰难，跨越的时间也很长，如何实现转型是一个异常复杂的课题，这恰恰是本书关注的重点。

四、数字经济：数字化技术成为经济转型升级的新动能

数字化产业的快速发展以及传统企业的数字化转型，共同催生了数字经济的诞生。数字经济是继农业经济、工业经济之后全新的社会经济发展形态，也是世界经济创新发展的主流模式。1996年唐·泰普斯科特（Don Tapscott）在其撰写的《数字经济：智力互联时代的希望与风险》中提出了"数字经济"的概念，他也因此被誉为"数字经济之父"。

当前，世界正处于百年未有之大变局，数字经济已成为全球经济发展的热点，美、英、欧盟等纷纷提出数字经济战略。数字新技术与国民经济各产业的融合不断深化，有力推动着各产业数字化、网络化、智能化发展进程，成为我国经济社会发展变革的强大动力。《中华人民共和国国民经济和社会发展第十四个五年规划和2035年远景目标纲要》中也提出了明确目标：迎接

数字时代，激活数据要素潜能，推进网络强国建设，加快建设数字经济、数字社会、数字政府，以数字化转型整体驱动生产方式、生活方式和治理方式变革。

据中国信通院发布的《中国数字经济发展与就业白皮书（2019 年）》显示，2018 年，我国数字经济规模达到 31.3 万亿元，按可比口径计算，名义增长 20.9%，占 GDP 比重为 34.8%，中国的数字经济发展指数排名全球第二，预计 2035 年中国数字经济规模将达到 150 万亿元。

中国走出了一条独特的用户数字化——产业生态化的发展道路。中国的总体科研水平并不突出，但是在数字经济相关的大数据、人工智能等领域，依托海量数字化消费者的独特场景，实现了快速发展。和众多发展中国家相似，中国部分行业成熟度较低，许多需求无法被传统行业满足，而数字经济提供了创造性的解决方案，直击消费者痛点，从而得到了跨越式发展的机会。

以上从数字化技术架构、数字化技术应用、传统企业数字化转型、数字化经济四个维度分析了数字化的内涵。本书关注的是第三个方面，即传统企业如何利用数字化技术推动自身的业务、运营和管理创新，以应对数字化时代的重重挑战。

第二节　数字化与信息化的差异

在理解了数字化的基本概念之后，另一个问题紧随其后就会冒出来，数字化与信息化到底有什么不同？这些年来，到底哪些因素变了，哪些没有改变？本节就来具体分析一下这个问题。

一、企业 IT 应用的发展历程

我们首先要明白信息化和数字化在时间发展阶段上的前后关系。根据时间先后顺序，可以将企业 IT 应用的发展历程分为五个阶段。

（一）电子化处理阶段

电子化处理阶段是企业 IT 应用的最初阶段，基本就是利用孤立、简单的计算工具辅助手工处理数据，IT 的主要价值体现在效率的提升上。目前已经很少有企业处于这个阶段，所以本书也不再做详细论述。

（二）单业务应用阶段

企业信息化发展的第二个阶段是单业务应用阶段，在这个阶段囿于技术和认知能力，企业信息化缺乏统筹，业务系统建设分散开展，只满足部门级需求，如财务核算、人事系统建设等，实现了部门效率的提升，"重功能、轻数据"现象普遍存在，可以说信息化是通过碎片化的方式对企业业务进行不均衡的支撑。其最显著的特点就是孤立系统建设，以及由此造成的数据重复生成、不一致问题。

单业务应用阶段是企业尤其是中国企业 IT 技术应用的起点，很多企业的信息化就是从财务系统、工资管理系统等单个业务系统开始的，这些系统虽然解决了部分问题，但总体效果仍然欠佳，最大的问题就是信息孤岛。由于缺乏总体规划和管控，各个业务部门都可以自己主导进行系统建设，在建设时又往往不太注重与其他系统的集成和整合，异构或数据标准不一致导致形成信息孤岛成为普遍现象。

对于一家集团企业来说，从纵向看，会发现下属企业的系统五花八门，信息孤岛、数据孤岛林立，系统重复建设，既浪费了大量的 IT 投资，又使集成共享变得非常困难，集团总部对下属单位的管控力度很弱。从横向看，会发现孤立的信息系统加剧了部门墙现象，部门之间的隔阂由于孤立系统变得更加严重，部门的优化可能导致整体效率更低，即 1+1<2。应该说，这是信息化建设的早期阶段，中国仍有一部分的企业处于这个阶段。

（三）大平台整合阶段

单业务应用阶段形成了大量的信息孤岛，在进行跨部门、职能、组织运作时，IT 系统不但没有起到应用的促进作用，反而成为障碍，这让很多企业着手进行系统的整合。大概从 2005 年前后，国内的大型集团企业纷纷开始了跨业务整合的信息化建设阶段。很多大型的集团企业在"十一五""十二五"期间进行了大规模的系统整合工作，以总体架构思想为指引，在全集团范围内进行系统重构与整合，实现了企业级纵向应用的大规模建设和推广，实现了集团的统一管控、标准运营。对很多企业来说，这一阶段信息化建设才算是进入了正轨。跨业务整合阶段有三大特点。

1. 集成系统替换分散系统

2000 年前后，国外的 ERP 厂商开始进入中国，在它们的大力推动下，企业逐步认识到孤岛系统存在的问题，并逐步开始探索通过集成系统替换原有的分散系统。例如，制造企业纷纷开始通过建设 ERP 优化，整合企业的业务流程；通过建设 SCM，让企业与上、下游共享信息等资源，减少库存；通过运用 CRM，将企业有限的资源投入给最有价值的客户等。尽管对应不同的行业和不同的企业，上述系统的名称不尽相同，但通过整合系统替换孤立系统成为 IT 系统建设的主基调。

2. 强化总部对下属机构的管控力度

传统的集团管控由于信息的不对称，很难实时对下属机构进行管控，在跨部门、跨组织的系统整合、平台统一之后，纵向管控力度大为增强。事实上，很多集团企业之所以大力投入系统的建设和整合，背后的主要推动力就是增强管控力度的需求。基于这样的诉求，很多企业提出了"统一规划、统一平台、统一管控、统一组织、统一标准"等强调统一的 IT 原则，并从总部出发，通过强力推动整合系统的实施。

3. 端到端流程替换职能流程

2000 年前后，业务流程重组（BPR）理念传入中国，并与 ERP 等系统实施捆绑在一起，先进行流程的优化再进行系统实施这样一种全新的理念得到了很多企业的认可。伴随着这一过程，端到端流程逐步被接受。这一理论把企业流程划分为两类：职能流程和端到端流程。其中，职能流程是部门级流程，但部门级流程之间是靠人工衔接，运作过程会存在割裂现象。而端到端流程是从客户需求端出发，提供端到端服务，端到端的输入端是市场，输出端也是市场。这个端到端非常快捷，非常有效，中间没有阻碍，运行很顺畅。

总之，纵向大平台整合阶段是企业 IT 建设历程中的一个重要阶段，很多大型集团企业为了实现这一任务付出了艰巨的努力，用了十多年的时间才完成这一转型。此阶段面临的系统整合、互联互通互操作任务是异常艰巨的，甚至有专家将其称为"系统集成的陷阱"。截至目前，还有不少企业没有实现系统从分散向整合的跨越，系统分散、数据标准不一、流程不统一导致的运营效率低下已经成为这些企业继续发展的最大障碍。

（四）数字化创新时代

在传统企业艰难地进行系统整合和流程重塑时，一类新的企业快速地成长起来，这就是互联网企业。中国的互联网企业到今天也只有 20 多年的历史，但其成长速度却创造了历史。互联网技术带来了前所未有的消费革命，也不断冲击和挑战传统企业。一时间，颠覆、降维打击、跨界成为互联网精英们的口头禅。

在这样的大背景下，传统企业奋起抵抗，揭开了数字化转型大幕。对很多传统企业来说，数字化已经不仅仅是 IT 技术的应用了，而是变成了一种救亡与图存的斗争，一开始就具有某种悲壮的色彩。云计算、大数据、物联网这些技术已经不仅仅是简单的技术了，而是变成某种具有魔力的神奇工具，不仅是推动传统企业优化升级的工具，更是商业模式创新和企业转型的重要力量。数字化浪潮席卷各个行业，各种论坛、沙龙言必称数字化建设、数字化创新、数字化转型。目前，数字化创新与转型已经成为企业 IT 应用的热点和重点。

（五）智能化应用阶段

技术发展的脚步永不停歇，在大多数人仍然对数字化技术感到迷茫之际，很多人已经为下一个时代提前做好准备了，这就是智能化时代。人工智能、脑机接口、量子计算等技术也在快速成熟的过程中，未来智能化时代的曙光已经初现。

智能化是事物在网络、大数据、物联网和人工智能等技术的支持下，具备了灵敏且准确的感知功能、正确的思维与判断功能、自适应的学习功能、行之有效的执行功能等，能够对外部变化做出及时响应，代替人进行决策。智能化解决的核心问题是人与机器的关系，未来业务决策会越来越多地依赖于机器学习、依赖于人工智能，机器在很多商业决策上将扮演非常重要的角色。人们有理由相信，未来 IT 技术可以具备甚至超越人类的智慧，实现自动感知、自动传输、自我决策，机器真正具备人类的智能，它能取得的效果将超过今天人工运作带来的效果，从而降低管理人员决策的工作难度，提高决策效率和准确性。

以上把 IT 在组织中的应用划分为五个阶段，但这五个阶段不是简单的替代关系，而是继承发展的关系。后一阶段充分继承前一阶段的成果，并在此基础上引入新技术、新理念，解决前一阶段的问题或瓶颈，实现新的业务价值。从企业 IT 建设历程看，数字化是信息化建设的新阶段，也是未来智能化的前奏。

二、信息化与数字化的时代变迁

上面介绍了 IT 技术在企业应用的过程，很多人可能对数字化与信息化的区别仍有不同的理解，这就需要从多个维度来系统、深刻地揭示信息化与数字化的异与同、变与不变。概括来说，信息化时代与数字化时代在五个方面，即 IT 建设的关注重点、服务对象、建设重点、建设方法、技术架构上发生了巨大的变化，如表 1-1 所示：

表 1-1 数字化时代与信息化时代的变迁

关注领域	信息化时代	数字化时代
关注重点	内部运营优化	商业模式创新
IT 服务对象	内部业务管理人员	客户为主中心
IT 建设重点	流程驱动	数据 + 算法
IT 建设方法	刚性的瀑布式建设	面向客户的敏捷开发
IT 技术架构	单体式、竖井式架构	分布式、微服务架构

（一）IT 应用的关注重点发生了变化

信息化时代，企业的竞争很激烈，商场上的厮杀也很残酷，但有一点是可以肯定的，那就是竞争对手比较固定，竞争的本质还是成本之间的博弈。就拿国内的家电行业来说，不管外人看来竞争多么激烈，行业内部还是会相互配合保持一定的利润率。在这样背景下的 IT 建设，无论是客户关系管理（CRM）、企业资源管理（ERP），还是排产计划、工艺设计等，都是基于大众化、规模化导向的相对确定性的需求，这些软件使企业的工作协同效率和资源利用效率倍增，但并没有让企业的主营业务和商业模式发生根本性变化。

数字化时代，企业面对的是一个更加不确定的市场环境，最大的不确定性来自跨界竞争。畅销书作家布赖恩·伯勒在出版《门口的野蛮人》的时候，估计从未想到这个短语会在多年后如此风靡，并且它的含义已经扩大到更广阔的范围。这本书讲的是美国雷诺兹—纳贝斯克公司被收购的前因后果，试图全面说明企业管理者应该如何获得和掌握公司的股权。"门口的野蛮人"这六个字原本是用来形容不怀好意的收购者的，但现在我们常把行业壁垒以外的人称为"门口的野蛮人"。

凯文·凯利说，不管你身处哪个行业，真正对你构成最大威胁的对手一定不是你现在行业内的对手，而是那些行业之外的你看不见的竞争对手。在互联网的推动下，市场进入了一个机会纷纭、跨界竞争的时代。在这个时代，最勇猛的"野蛮人"正举着互联网的大旗杀来，行业壁垒已被打得粉碎，站在门口的"野蛮人"并不遵从门内的行业规则，却对门内的市场垂涎三尺。

在这一趋势下，传统的广告业、教育业、零售业、酒店业、服务业、医疗卫生等行业，都可能会遭遇不明对手的打击，那些转型慢的企业都将在劫难逃。所以有人说，如果你这个行业和互联网没什么关系，那么过不了多久，你就和这个行业没有什么关系了。

当然，"门口的野蛮人"冲进门内的同时，门内的人也并非毫无触动。他们也在提升自己。传统企业积极用互联网思维和数字化工具武装自己，用互联网工具变革自己，许多被人们贴上"传统"标签的行业、企业正在加速与互联网融合。这时，企业信息化的建设内容与传统信息化时代已经有所不同，由于外部环境剧烈变化，仅对内部流程进行微调和优化已经难以适应多变的外部环境，这就要求数字化技术能够推动企业不断适应外部环境的变革，不断实现商业模式的创新和运营模式的重塑，通过更加激进的变革提升企业的竞争力。

（二）IT 服务对象发生了变化

在过去几十年的商业发展历程中，关于商业主导权有不同的说法，最早是"产品为王"，而后是"渠道为王"，到互联网时代，变成了"用户为王"。

在物资缺乏的年代，消费者是没有选择的，在这样的年代，企业拥有绝对的控制权，我生产什么你就只能买什么。随着产品的日益丰富，市场竞争的激烈程度与日俱增，产品生产厂家不再为"王"，而与消费者直接联系的渠道地位急剧上升，得渠道者得天下，渠道真正占据了价值链的主导，苏宁、国美就是典型的成功案例。与之相对的，IT 系统建设也要满足产品制造、渠道管理的需求，IT 服务的对象主要是内部用户。

时代在变化，互联网对传统企业最大的冲击就是渠道模式，互联网天生的连接功能，逐渐消除了信息的不对称，使得厂商得以直接面对最终消费者，渠道变得异常扁平，传统的"渠道为王"的观念逐步成为历史。互联网时代是一个消费者主权的时代，互联网打破了信息在时间和空间层面的不对称，为供求关系一体化提供了更大的便利，在需求和供给之间建立起更深远的关系，使得用户的转移成本更低，谁能长久吸引消费者的眼球谁才能赢得主导权。

数字化时代，由互联网所引发的全新商业范式，基本特征是"客户驱动"。过往以厂商为中心、大规模生产同质化商品、单向"推式"的供应链体系、广播式的营销模式必然会被抛弃。以消费者为中心，个性化营销捕捉碎片化、多样化需求，"拉动式"的供应链体系，大规模社会化协同实现多品种小批量快速生产的新模式才有未来。因此，未来的生意将是 C2B 而不是 B2C 模式，用户需求会改变企业。

小米集团创始人雷军说过，做小米的时候，他真正学习的是这几家公司：同仁堂、海底捞、沃尔玛。第一点，要像同仁堂一样做产品，货真价实、有信仰；第二点，向海底捞学用户服务，做超预期的口碑；第三点，向沃尔玛这样的公司学运作效率，把中间渠道、零售店全部边缘化，少做事，用最聪明的人简化流程。因此，用一个公式来总结小米的成功经验就是：

小米 =（同仁堂 + 海底捞 + 沃尔玛）× 互联网思维

简单说，小米成功的关键就是依靠内部高效的运作，再加上互联网时代的思维模式，创造出超越用户预期的产品和体验，最终获得消费者的青睐。

周宏祎也特别强调，用户是互联网商业模式的基础。所有的互联网公司都是以免费体验好的产品来吸引用户。一个有一千万人用的产品和一个有一亿人用的产品，它们的商业价值相差不是十倍，而是几百倍、上千倍。所以，互联网公司都不敢得罪用户，而是千方百计做出好产品，吸引用户、讨好用户。在这样的情况下，IT 服务的对象也必然向如何为客户提供更好的服务转型。

因此，数字化与信息化相比较，IT 服务的范围从组织内部转移到外部，围绕用户需求，帮助企业以实现用户的需求为中心，重新定义客户价值和企业战略，并将数据转化为企业的洞察力以及竞争优势，实现数字化的关键在于以用户为中心利用新的技术创造新的、独特的用户体验，打造新的智能化、数字化的产品或服务，实现德鲁克所说的"企业存在的唯一目的是为用户创造价值"。

（三）IT 建设的重点发生了变化

以往的企业信息化从构建之初，所体现的思想就是一种管理思维，所要体现的信息化管理目标就是：管好、管死、管严格。所以信息化时代的 IT 建设重点是利用成熟的套装软件进行流程的优化、管控的强化，在这样的情况下，SAP 等国外套装软件大行其道，先僵化、后优化的思路也得到了大家的认可。很多企业通过一段比较痛苦的历程实现了全集团范围内的流程标准化、数据标准化，集团上下一体、协同运作的管理框架初步构建起来，这是信息化建设最大的价值。

在基本实现这一目标后，很多企业发现，通过系统固化的流程仅仅解决了办事管道化的问题，让做事有了章法，但对于运营和管理中的决策并没有太大的提升，系统并不能为决策提供切实有效的建议。于是，如何整合、分析、挖掘数据的价值就成为数字化时代 IT 建设的核心和重点。

近年来，大数据这一概念广泛传播，其认知范围早已超越专业人士，成为大众普遍接受的一个热词。目前，人们普遍认识到数据与算法已经成为企业的重要竞争力。多数企业曾经以产品为核心，后来以服务为核心，接着以技术为核心，但未来的企业一定将走向以数据为核心。当数据成为企业核心竞争力的时候，企业的商业模式必然发生重构。

数字化时代，"数据＋算法＋产品"日益融合成为一体。阿里巴巴集团首席战略官曾鸣在《智能商业：数据时代的新商业范式》一文中对此进行了精彩分析：用户行为通过产品的端实时反馈到数据智能的云，云上的优化结果又通过端实时提升用户体验。在这样的反馈闭环中，数据既是高速流动的介质，又持续增值；算法既是推动反馈闭环运转的引擎，又持续优化；产品既是反馈闭环的载体，又持续改进功能，为用户提供更好的产品体验的同时，也促使数据反馈更低成本、更高效率地发生。索尼前总裁出井伸之也认为：新一代基于互联网 DNA 的企业的核心能力在于利用新模式和新技术更加贴近消费者、深刻理解需求、高效分析信息并做出预判，所有传统的产品公司都只能沦为这种新型公司的附庸，其衰落不是管理能扭转的。

信息化时代，企业搭建了信息系统，产生了大量数据，但这些数据大多是作为附属物而存在，数据的互联互通很难，数据收集、处理的技术成本高昂，无法产生真正的经济价值。数字化时代，如何使杂乱无章、静态的数据变成鲜活，有生命的数据就成为 IT 建设的重点工作。

（四）IT 建设方法发生了变化

前面讲过，信息化建设经历了一个从分散到整合，从孤岛到集成的过程，经过 20 多年的信息化建设，业界达成了一个基本共识，信息化建设需要顶层设计，要从上到下进行总体的规划，然后再逐步推进建设。应该说，这个结论是在历经重重失败之后总结出的经验教训。

但在数字化时代，外部环境发生了巨大变化、"VUCA"即 Volatile（动荡）、Uncertain（不确定）、Complex（复杂）以及 Ambiguous（模糊）成为时代的主旋律，易变性、不确定性、复杂性和模糊性成为新常态，顶层设计本身变得非常困难。在这样的情况下，数字化建设的指导原则就要变成顶层设计＋摸着石头过河。过去信息化时代强调的统一、标准等都要让位于敏捷、迭代、试错等理念。

基于这样的理念，设计思维、精益创业、敏捷开发等相互关联的几大方法近年来得到了业界广泛的认可，形成了一套从业务理解到方案迭代再到敏捷开发的新的方法论，这些方法会在第七章中详细介绍，这里不做过多赘述。要说明的一点是：数字化时代外界环境的高度不确定迫使 IT 建设的方法也要与时俱进，这与信息化时代基于套装软件进行二次开发的方法有了巨大的变化。以往那种基于目标，按照刚性死板的瀑布式开发的模式将会被淘汰，取而代之的是面向客户需求的快速迭代，注重用户体验、倾听用户声音、让用户参与 IT 产品开发成为新时代 IT 建设的新策略、新方法。

（五）IT 技术的总体架构发生了变化

实践证明，在人类走向智能时代的进化历程中，技术进步和商业进化两条主线总是并驾齐驱、交相辉映。经济学家卡洛塔·佩雷斯提出了"技术—经济"范式。她认为一场技术革命能为整个经济带来巨变，降低成本，提升效率，并推动经济爆发性增长和结构性变革。她将技术革命分为爆发、狂热、协同、成熟四个阶段，每个阶段大约 10 年。成熟阶段既是这一轮经济的高峰，也是下一轮技术革命的开端。

数字化时代商业文明的变革同样也离不开数字技术的创新发展，IBM 前首席执行官郭士纳曾提出，计算模式每隔 15 年发生一次变革，这被人们称作"十五年周期定律"。1965 年前后发生的变革以大型机为标志，代表产品是 IBM360、IBM370，IBM 公司就是在这时成长为蓝色巨人：1980 年前后发生的革命是个人计算机的普及应用，代表产品是 APPLE Ⅱ 和 IBM 的 PC，造就了微软、INTEL；自 20 世纪 90 年代以来，在信息技术革命的推动下，人类进入了互联网经济时代，并逐步从 1.0 版 PC 互联网到 2.0 版移动互联网再向 3.0 版万物互联网快速演进发展。

信息化时代的主流架构更多的是 PC 互联网时代的单体式、竖井式架构，系统的建设、运维和修改成本都很高，也很难适应业务的快速变革，信息技术往往成为企业业务变革的障碍，遭到业务部门的强烈质疑。

最近十年，信息技术处于一个快速发展的阶段，而且数字技术的进步不是单一维度，而是多项技术的突破、发展、融合引发的一种质变过程。我们经常说的"大智移云物"，其中每一项技术都为其他技术的推广应用推波助澜。这些新技术可以概括为云、管、端三个层面，云端是数据计算分析的工具，管道是数据传输的通道、终端是自动化数据采集端：数据采集终端技术。主要通过物联网设备（IOT）进行数据的自动采集，取代传统的手工录入；典型技术包括二维码、RFID、人脸识别、图像识别等。

管：数据传输管道技术。主要是数据传输的网络通道，将数据传输在集中的处理中心与终端之间相互传输；典型技术包含5G、NB-IOT、区块链等。

云：数据处理平台技术。主要是支持数据统一处理的计算机硬件平台、软件平台、数据算法等；典型技术包含云计算、大数据、人工智能。

对于这些新的IT技术，黄奇帆先生用人来类比，显得非常形象：互联网、移动互联网以及物联网就像人类的神经系统，大数据就像人体内的五脏六腑、皮肤以及器官，云计算相当于人体的脊梁。没有网络，五脏六腑和脊梁就无法相互协同；没有云计算，五脏六腑无法挂架；而没有大数据，云计算就是行尸走肉、空心骷髅。有了神经系统、脊梁、五脏六腑、皮肤和器官之后，加上相当于灵魂的人工智能—人的大脑和神经末梢系统，基础的大智移云物平台就已经成型了。而区块链技术，就像更先进的基因改造技术，从基础层面大幅度地提升大脑反应速度、骨骼健壮程度、四肢操控灵活性。互联网数字化平台在区块链技术的帮助下，基础功能和应用将得到颠覆性改造，从而对经济社会产生更强大的推动力。

当然，在看到信息化和数字化区别的同时，也不能人为割裂两者的联系。数字化丰富了信息化本身的含义，两者在本质上没有改变，还是通过连接、算法和算力去驱动业务发展，把过去商业模式中无效或者低效的连接打破，选择和尝试新的对象去连接和运算。只不过数字技术更加便利，连接的机会点更多、算法更复杂、算力更强大，更重要的是数字化技术可以更快地进行迭代试错，在这个唯快不破的年代，可以更快速地找到创新点，更快速地验证商业模式能否持续创造价值，让企业跟上时代的步伐。

第三节　信息化与数字化的双重挑战

虽然目前数字化已经成为企业 IT 建设的热门词汇，但企业也普遍感到数字化建设困难重重，阻力巨大。这其中的原因是多方面的，其中一个重要原因是很多企业的信息化建设，尤其是大平台整合没有完成，就被动地进入数字化创新阶段，在外界互联网公司的冲击下，要被迫两面作战，一方面要进一步完成跨业务、领域的整合，另一方面又要进行业务创新、产品创新、服务创新，难度之大前所未有。

未来已来，但过去未去。对于传统企业来说，面对信息化整合与数字化创新的双重挑战，不同的企业做出了各自不同的选择，可以用一个矩阵来对其进行分析，如图 1-5 所示：

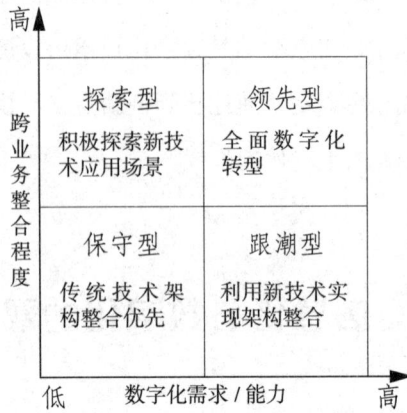

图1-5 信息化与数字化的选择矩阵

如图1-5所示，将面临信息化整合和数字化创新双重挑战的企业按照跨业务整合程度、数字化需求/能力两个维度，分为四个象限。

左下角是保守型企业，整合程度和数字化需求/能力都较低，跨业务整合任务尚未完成，虽有数字化需求但并不强烈，相应能力不足，实践有限。这类企业优先采用传统技术进行系统建设，推动跨部门的系统整合，在这个过程中探索数字化创新机会点。

左上角是探索型企业，整合程度较高，但数字化需求/能力较低，跨业务整合任务基本完成，但数字化能力一般。建议此类企业尽快开展数字化探索，探索新的数字化应用场景，并逐步开展IT架构的迁移。

右下角是跟潮型企业，整合程度较低，但数字化能力需求较高，跨业务整合任务尚未完成，但数字化需求很强烈，企业开始积极开展数字化探索，但大都呈现点状应用，效益不显著。这类企业跨业务整合的信息化补课与数字化探索应两者并重，可以尝试探索新技术背景下如何实现系统整合、业务协同。

右上角是领先型企业，整合程度较低，但数字化需求/能力都较高，跨业务整合任务基本完成，且数字化需求很强烈，数字化能力也很强。此类企业可以开展全面的数字化创新，全面推动业务变革和架构迁移。

　　总之，信息化和数字化之间的界限并不是泾渭分明的，而是存在一定的重叠，信息化是数字化的基础，由信息化到数字化是一个由量变到质变的过程。对很多传统企业来说，信息化与数字化将在一定时间内并存。

第二章　传统企业数字化转型的总体框架

第一节　传统企业数字化转型背景

从一般意义上说，转型是指事物的形式发生了根本的转变，这种事物形式可以被另一种形式代替，也可以是事物原来的形式通过事物内部自身的发展转化成别的形式。自改革开放以来，中国的企业改革先后经历了放权让利、实行多种形式的承包经营、建立现代企业制度、混改等一系列的转型。对中国的很多企业来说，每一次转型就是一次涅槃重生，有时候它比创造一个新的企业更有难度、更具挑战性。

与这些转型相比，数字化转型之所以受到如此多企业的关注，有内外两个方面的原因。从外部看，传统企业的数字化转型是在互联网公司跨界竞争下的一种防守反击；从内部看，数字化转型则是应对大企业病、提质增效的一种自我革新。

一、互联网倒逼下的变革与创新

在重大历史变革时期，企业最可怕的敌人可能不是商场上的直接对手，而是另一种事物——"科技"。商场上的对手带来的可能是一时的经济损失，科技带来的却可能是整个行业的颠覆！科技发展对行业的颠覆一直存在，近 20 年来，以互联网为核心的 IT 技术对行业的颠覆尤其显著。

互联网已经诞生 50 多年了，在过去的 10 多年里，互联网技术在 C 端已经改变了人们的生活、购物、娱乐、交往习惯，形成了比较成熟的消费互联网经济。消费互联网以"眼球经济"为主，即通过高质量的内容和有效信息的提供来获得流量，通过流量变现的形式吸引投资，最终形成完整的产业链条。从竞争格局角度来看，大多数面向 C 端的细分行业的互联网洗牌已经完成，拥有资本和先发优势的互联网巨头在行业内的领先地位得到巩固，格局走向稳定，行业集中度逐渐提高，新进入者的机会越来越少。

近年来，面向 B 端的产业互联网获得了广泛的关注，并在快速发展。产业互联网在传统产业链上融合数字化技术，寻求新的管理与商业模式创新，为消费者提供更好的服务体验，创造出更高价值的产业形态。

在 C 端取得胜利之后，传统的消费互联网企业纷纷进入产业端，一方面利用自身的技术优势开拓产业市场，另一方面则在逐步对传统企业进行跨界竞争。吉利汽车的李书福曾用诗一般的语言赞赏这一趋势：科技自由与产业跨界是开创人类商业梦想的又一个催化剂，今天我们面对的是科技无限畅想，产业自由跨界，商业灵活变革的伟大时代，充满梦想的神奇明天等待着我们去探索创造，我们必须跨越行业边界，探索科技自由，打开脑洞心门，开放无穷想象，挖掘一切可能，成就商业梦想。

当前，很多传统企业都面临着诸如产能过剩、耗能过大、服务业水平不高、人力成本高涨、工业污染严重等诸多挑战。如今，又面临数字化技术的种种冲击和跨界竞争，很多企业发现常规思维已经不能适应非常规的竞争变化，在这样一个产业跨界融合的时代，传统思维、单领域思维、单向思维已经不适应传统企业可持续发展的需要。在重重的挑战之下，部分企业率先开始变革，尝试利用数字化技术进行商业模式、运营模式、营销模式等方面的创新和转型。

传统企业不应把数字化转型仅看作是挑战，而应将其看成是机遇。传统企业在各自的领域竞争发展多年，市场划分已经形成大致稳定的疆域，想从对手那里夺得一寸疆土也要经历残酷的厮杀。而数字经济是一片陌生的疆域，先入者可以享受"跑马圈地"的领先优势。近年来，有一些先行的传统企业已经借助数字化技术在行业中谋取了领先优势，他们已经具备了互联网企业的创新能力，例如美的、链家、百丽、三一等，成为行业颠覆的另一股新势力，对那些转型较慢的企业展开了更加凌厉的进攻。因为兼具行业经验和技术创新能力，他们成为比互联网企业更加强劲的变革力量，对行业内的传统企业冲击更大。因此，未来的竞争已经不是简单的互联网企业与传统企业之间的竞争，而是旧模式与新模式之间的一场较量。这场较量大致可分为以下三个阶段。

（一）第一阶段：被动防守

这是数字化转型的初期，在 C 端大获成功的互联网企业高调宣布要进攻 B 端市场，很多传统企业被动防守、惊慌失措，甚至很多大佬都发出了"不转型等死，转型找死""自杀重生，他杀淘汰""消灭你，与你无关"的叹息。很多媒体也在推波助澜，渲染紧迫情绪。例如，《哈佛商业评论》的一篇文章就说：如今，整个产品线、整个市场都可能在一夜之间被创造或毁灭。颠覆者随时可能出现，它们无处不在。颠覆者一旦出现，传统企业是很难对付的。

（二）第二阶段：相互渗透

在经过短暂的恐慌之后，传统企业发现互联网企业也并非战无不胜，高耸的行业壁垒也不是一天就可以被攻破的。在这短暂的窗口期，很多传统企业都在向互联网企业学习，理解它们的思维逻辑，学习它们的运营体系，掌握最新的数字化技术。与此同时，互联网企业也发现，B 端市场过于复杂、多样，于是开始研究每个行业的特性，寻求针对性的解决方案。传统企业与互联网企业相互学习、相互渗透，逐步融合成为潮流。

（三）第三阶段：一体化融合

数字化技术是有技术红利期的。随着互联网企业与传统企业的相互融合，两者的界限越来越模糊。随着两者的融合，本轮数字化技术的红利释放完毕，迎来下一轮的技术变革浪潮。

应该说，大多数传统企业已经跨过了最初的被动防守阶段，开始利用新技术逐步推进自身的数字化转型。

二、转型是自我进化的必然之举

在面临外部竞争的同时，很多传统企业也面临诸多内部问题，只是在形势大好时这些问题被有意无意地掩盖了，但面临外部市场变化和行业变革时，这些问题就暴露无遗了。这情形就像那句投资圈经常说的话：只有在退潮时才知道谁在裸泳。这些问题之中，最典型、最普遍的就是"大企业病"。

很多企业都曾经有过一段美好时光，生产的产品能够得到较高的营业收入，企业获得不错的利润。但是，这种美好时光通常都很短暂，企业会忽然发现营业收入开始急剧下降，从而只能保持低速成长，甚至干脆陷入困境。但遗憾的是，在企业陷入困境之前，许多企业家都没有发现危机开始到来的信号，而陷入困境之后，他们也会把原因归结为企业的决策问题或市场的变化。

这背后的原因都是相同的，很多企业高速发展到一定阶段后，就会患上"大企业病"，管理体制僵化、公司组织机构臃肿、公司的管理层级过多，难以实现信息在企业内部的有效流动，上下级之间沟通的有效性也受到制约，并因此导致企业效率低下，市场反应不灵敏、行动迟缓、创新能力下降、忽略用户诉求等问题。

物理学中有一个名为"熵"的概念可以很好地解释这一现象。"熵"的概念最早用于度量热力学系统的无序程度。物理学有一个热力学第二定律，也叫熵增定律，说封闭系统的熵是一直增加的。也就是说，无效的能量一直在增加，如果不增加有效能量，能量就无法做功，最终系统就会熵死，人、自然界都是如此。任何组织随着时间的推移，一定会变得涣散化、官僚化、失效化并最终走向死亡，这中间最大的力量就是因为组织的熵增。

理论物理学家杰弗里·韦斯特在其所著的《规模》一书中写道：最终，我们都将屈服于各种形式的磨损和衰竭。无论生物体、公司还是社会，如何为增长、创新、维护和修复持续提供更多的能量以对抗熵，都成了任何有关衰老、死亡、系统韧性和可持续发展等严肃主题的讨论基础。德鲁克也认为，管理要做的只有一件事情，就是如何对抗熵增。在这个过程中，企业生命力才能增加，而不是默默走向死亡。面对这些问题，人们发现数字化技术是熵减的有力工具。于是，数字化技术成了倒逼企业内部变革的新动能、新武器。这也是很多企业，尤其是大型企业数字化转型与变革的主要原因和内在动力。

总之，传统企业的数字化转型，不管是因为外部的压力还是内部的动力，都是一次勇敢的华丽变身。在这一过程中，企业如果不能自己抓住机会，就会被别人弯道超车。当别人另辟蹊径，用新的方式解决问题，满足客户需求的时候，也意味着你没有行驶在时代前进的主航道上，甚至会被淘汰。

第二节 传统企业数字化转型的内容

一、什么是数字化转型

目前，数字化转型这个概念已经深入人心了。但到底什么叫数字化转型，不同的人有不同的认知。大家坐在一起讨论数字化转型时，经常发现对于这个基本概念，每个人的理解大相径庭。

有一则古老的印度寓言叫《盲人摸象》，在不了解全貌之前，每个人都只能根据自己的理解和感知去描述大象的外貌。目前，对数字化转型的理解也处于这样的阶段，各大咨询公司、软硬件企业、IT 调查公司等纷纷发表白皮书、专著，来表达自己对数字化转型的理解。本书不想重复这些概念，就直接给出了笔者自己的理解。

数字化转型是以用户为中心、以数字化技术为手段、以价值创造为目的实现转型升级和创新发展的过程。数字化转型的定义与内涵如图 2-1 所示：

数字化转型是以用户为中心、以数字化技术为手段、以价值创造为目的、实现转型升级和创新发展的过程。

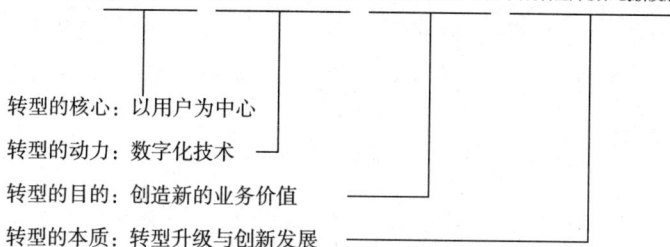

转型的核心：以用户为中心
转型的动力：数字化技术
转型的目的：创造新的业务价值
转型的本质：转型升级与创新发展

图 2-1 数字化转型的定义与内涵

由上面的定义可以看出，数字化转型的核心是以用户为中心，真正为用户服务、为用户创造价值；数字化转型的驱动力和新动能是数字技术，其他驱动力带来的企业变革不能算是数字化转型；数字化转型的目的是价值创造，要通过数字化技术创造新的价值，要充分激发数据要素创新驱动潜能，实现新的指数级增长；数字化转型的本质是业务创新战略，要打造和提升数字时代生存和发展能力，培育发展新动能，创造、传递并获取新价值，实现转型升级和创新发展。

二、传统企业数字化转型到底转什么

（一）数字化转型内容的基本理解

数字化是不以人的意志为转移的大趋势，是继工业化之后推动经济和社会发展的重要力量。这似乎已经成为一种共识，但转型到底转什么？一般认为，传统企业数字化转型包含以下四个方面。

1. 技术转型

在大多数人的理解中，数字化转型首先是 IT 技术的转型。传统的竖井式 IT 技术架构已经不能满足业务需求了，分布式、平台式、中台架构得到了互联网企业的验证，也得到了越来越多传统企业的认可。于是，技术的转型成为数字化转型的基础，大量的新技术应用也被包装为成功案例被广为传播。但传统企业的技术转型并不能一步到位，传统与现代在很长一段时间内还要共存，于是，双模 TT、双速 IT、多速 IT 等解决方案纷纷出炉，但这实际上增加了技术应用和管理的难度。

2. 营销数字化

营销是数字化开展最早的领域，很多企业在电商平台开通网店进行线上销售，后来又开展 O2O，实现线上线下融合，再到后来的数字化门店改造、私域流量、用户画像等，逐步实现了人货场的数字化重构。可以说，销售领域是数字化最容易切入的点，也是最容易见效的环节。在这个过程中，以用户为中心从口号变成了现实。

3. 内部管理与运营数字化

以用户为中心必然会对原有的以产品为中心、以自我为中心的运营和管控模式带来巨大冲击，如何开展管理与运营的数字化成为很多企业数字化转型的另一个重点。管理与运营的数字化在不同的行业和不同的企业表现不一致，很多企业逐步开展集约化运营、一体化运营、数据化运营，推动运营管理的升级。

4. 商业模式与产品创新

数字化时代，产品、服务的传统生产方式以及相应的企业形态和商业生态系统也随之发生改变，企业数字化进展到以拓展业务，增长收入为目标的新阶段。通过数字化技术重新定义企业和产品的用户价值，可以发现新的市场机遇，甚至革命性的改变。

应该说，人们对数字化转型的理解正在不断深入，正逐步从技术、应用和营销层面向模式、组织、战略领域深入。但不可否认的是，很多企业对数字化转型的理解仍然比较肤浅，流于表面化。高德纳（Gartner）研究了企业数字化转型中的关键问题后也得出了类似的观点，总结了如图 2-2 所示的数字化转型冰山模型。

高德纳发现，大部分管理者关注的数字化问题相当于冰山的表面，但少部分领先企业管理者关注的是深埋在水面之下的更深层次的问题，水面之下的冰山对企业数字化转型的价值 10 倍于冰山表面，也可以说，数字化转型的关键因素隐藏在冰山下面，如图 2-2 所示：

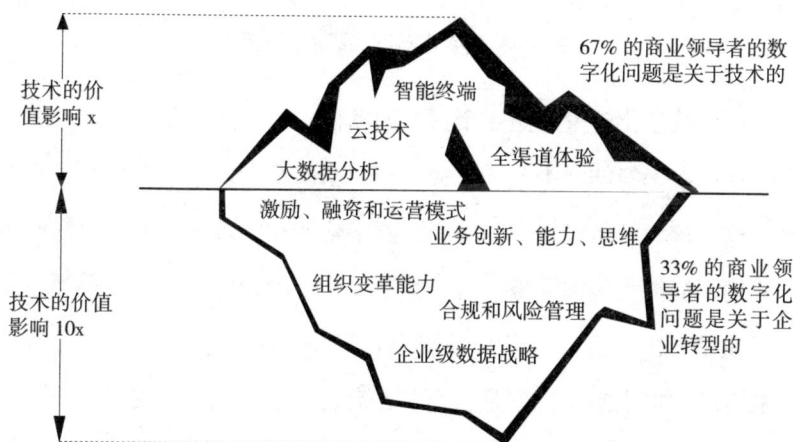

图 2-2 高德纳（Gartner）关于数字化转型重点的研究成果

本书针对这一问题给出一个数字化转型的"同心圆模型"，如图 2-3 所示：

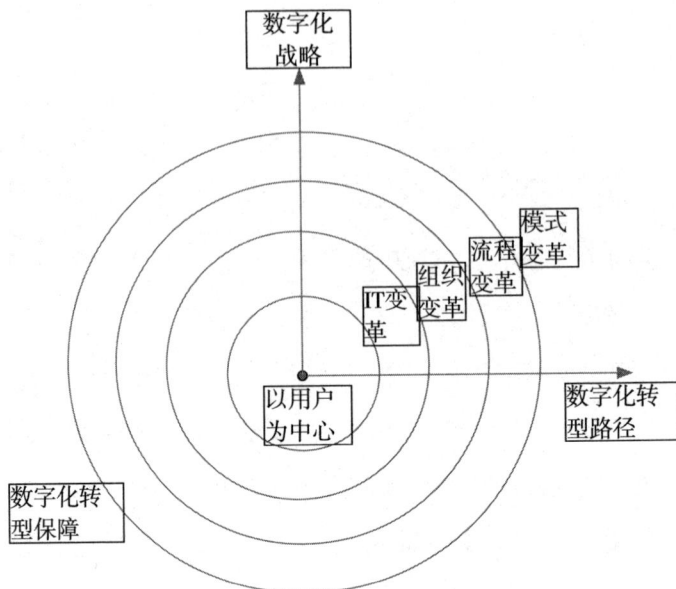

图 2-3 数字化转型的同心同模型

本书认为数字化转型不是一个孤立的动作，而是围绕某一个原点的一系列同心圆，就像在平静的湖中投入一粒石子，水面就会以这个石子为核心不断向外扩展。这个核心就是以用户为中心，数字化转型的真正动力和目标都应该是用户，为用户提供更好的服务，这是数字化转型的初心和使命。但当企业试图为用户提供更好的服务时，就会发现现有竖井式的 IT 系统不能满足需求，中台建设的需求就提出来了。但是，企业在启动中台，试图实现横向协同时，现有的流程成为制约协同的巨大障碍，不改变流程、不调整考核机制就没法真正做到以用户为中心。在试图重新梳理流程时，又发现现有的组织结构存在诸多的问题，组织才是阻碍用户服务的障碍，于是又要大张旗鼓地进行组织架构的调整。等到组织调整后，企业发现，要想真正实现数字化价值还需要对商业模式进行重构，对企业的经营逻辑进行重塑……

因此，有企业自嘲道，本来想治疗身上的一个包，结果发现全身都有病了，需要来一个全面的治疗。要实现这么大动静的变革没有明确的战略目标、路径设计和保障措施是难以实现的。

（二）传统企业数字化转型的 SMART+ 框架

从上面的分析可知，数字化重塑了竞争格局，这不仅是一场技术变革，还是一场经营模式的变革，甚至是一场整个商业世界运行逻辑的变革。数字化转型是从战略、组织、人才、商业模式、运营模式、IT 架构等全方位的改变。要做的事情太多了，这么多事情也不可能一步做完，要分阶段实施，而且每个阶段要求不一样。那么，怎么更好地步步为营、有效地推动数字化转型工作呢？

这就需要一套体系化的方法去指导数字化转型工作。基于这样的理解，本书构建了一个数字化转型的 SMART+ 框架，为传统企业的数字化转型提供了指引。具体如图 2-4 所示：

图 2-4 数字化转型的 SMART+ 框架

可以从企业发展的运行规律和战略转型的基本逻辑来揭示企业数字化战略转型的特征。企业数字化战略转型的特征具体表现在战略创新、模式重构、架构升级、资源保障、路径设计、创新机制等几个方面。正如木桶理论一样，这六个要素缺一不可，任何一方出现短板都将大大影响企业的数字化转型效果。一旦某一要素发展滞后，将会影响转型整体的进程和结果。下面就分别对这六个要素做简要的介绍。

1.数字化转型战略

任正非说过，没有理论的突破，小改小革就是一地鸡毛。对传统企业来说，数字化转型是一场彻底的自我革命，需要企业从上到下进行顶层设计，既要设计转型的目标、愿景、路径、策略、关键举措，更要制定数字化创新战略，分析如何利用数字化技术实现业务的创新，推动企业持续增长。

2.模式转型

商业模式和运营模式是驱动企业前进的双轮，数字化对商业模式和运营模式都会带来巨大变革，如何借助数字化技术实现业务与产品创新，以及企业内部的运营模式，都是数字化转型要考虑的重要课题。

3.架构转型

数字化转型是对 IT 架构的一次重大升级和重构。重构就好比是建一座房子，没有合理的顶层架构设计，即便花再多的钱，也盖不出一座好房子。架构就是指导盖房子的一套系统方法，此处的架构更多指的是技术架构，包含应用架构、数据架构、技术架构，这些架构会随着新技术的应用逐步变迁与升级。

4.资源保障

数字化转型的成功离不开组织、人员、资金、文化、领导力保障措施，这些软实力才是真正决定转型成败的关键，要给予高度的重视。尤其是要建立一个面向未来的、面向变革的、以终为始的文化，企业文化是整个变革里最核心的支撑。

5. 转型与变革

明确了战略目标、具体内容、保障措施之后，还需要明确具体转型的路径，找到数字化的突破口，以及保障变革成功的变革管理举措，确保变革可以按部就班有序推进，降低变革的风险。

6. 数字化创新机制（＋）

最后这个"＋"号也非常重要，因为数字化转型不是毕其功于一役的战斗，而是一场持久战，要推动它持续进行，就离不开数字化的持续创新，这就需要构建一套完整的创新机制，通过机制不断推动创新滚滚向前。

总之，转型很艰巨，但转型有方法，本书后续内容就将围绕这个 SMART+框架逐一展开。在系统展开论述之前，还有几个问题需要探讨，即数字化的企业到底是什么样的？数字化企业的成熟度如何衡量？现在的数字化转型还存在什么问题？下面，我们来逐一回答一下这几个问题。

三、数字化企业的真实面貌

对于数字化转型，我们已经听过太多的故事，看过很多成功企业的最佳实践，但如果细细思考的话，会发现这些成功经验大部分是某种新技术的点状应用。新则新矣，但大部分的转型只是浅尝辄止。这就给我们带来一个问题：到底什么是数字化企业？数字化转型成功了到底是什么样的？我到底离转型成功还有多远？这确实是一个终极追问，也确实很难一两句话回答。下面我们就结合 SMART+框架来分析一下传统企业与数字化企业的区别。本书认为，传统企业与数字化企业的区别如表 2-1 所示：

表 2-1 传统企业与数字化企业的区别

要素	传统企业	数字化企业
业务战略	可控资源为导向的战略布局	多元创新驱动的增长战略
商业模式	产品中心	用户为中心
运营模式	高效率、标准化、低成本	可视化、数据化、自动化
组织结构	阶层化、规范、授权	平台化、敏捷、赋能
成长导向	资源禀赋	创新机制
IT 结构	竖井式单体结构	横向协同的、敏捷 IT 架构

总之，与传统企业相比，数字化企业在战略、商业模式、运营模式、IT 架构等方面展现出诸多不同，只有具备了这些特点才可以说已经迈进了数字化企业的行列。

（一）多元创新驱动的增长战略

战略往往关系着企业的生死，是非常严肃的话题。传统的战略制定方法的核心是以资源为核心的布局思维，不论是 PEST 分析、SWOT 分析、五力模型还是波士顿四象限分析法等，其核心思想都是以企业自身资源及能力禀赋为支点，进行科学的布局，看哪个市场能够进入，哪些市场需要强化，哪个市场需要放弃。这些都是连续性创新下的思维模式，是在市场和产品相对稳定下的战略选择。

数字化时代，在新技术的推动下，破坏性创新、非连续性创新层出不穷，很多在过去发展得很好的巨型企业忽然间就倒掉了，最典型的就是诺基亚、柯达、摩托罗拉等。这背后的原因是技术的非连续性，原有的发展路径已经无法延续。用一句时髦的话来说就是：拿着原来的地图已经找不到新大陆了。在这样的情况下，必须采取新的战略思路，即以创新为核心的战略思维，开启企业的第二曲线创新战略。只有那些持续创新的企业才是真正数字化的企业，才能在数字经济时代屹立不倒。

（二）以用户为中心的业务创新

"以用户为中心"是传播已久的口号了，传统企业其实也在致力实现这一目标，但真正把这一点做到极致的还是互联网企业。数字化时代赋予了以用户为中心非常不同的含义，它不再是简单地收集客户反馈，持续提升自身服务，而是更加全面地发掘用户深层次的需求，创造性地拓展服务领域和服务方式，完成与客户的共同成长。

以用户为中心，意味着要打造多层次的组织能力，包括围绕用户设计组织结构、基于用户场景的创新能力、设计满足用户体验的互动方式，并在数据、IT 架构以及考核机制等各方面体现以用户为中心的理念。

1. 业务创新：从流程驱动向场景驱动转变

从用户在特定场景下的需求出发，挖掘客户需求，设计整体解决方案，带给用户完整的感受。这个方法解决了传统企业业务战略和业务流程之间缺少衔接、注重单个流程的效率而忽略了用户整体需求的弊端。围绕用户需求，通过多流程、多功能配合实现创新。

2. 用户互动：从注重功能到注重体验

用户体验主要指产品或服务为用户带来的便利性和感受舒适度，包括线上线下两个方面。线上通过 U/UX 设计，线下通过特定场景 / 店面的全流程互动设计，打造无缝的用户体验。实践中，应注重从整体上，以用户洞察视角打造优质体验，避免聚焦于单点的体验设计。

3. 组织结构：从以产品为中心向以用户为中心转变

在传统模式下，企业以"我"为中心，不同产品的营销服务通常自成体系。在数字经济模式下，企业以用户为中心，对同一目标群体，采用同样的渠道触点，通过统一平台进行数据分析，推荐最优产品，并采用统一的服务体系。基于这样的理念设计的组织结构，有利于用户数据打通和洞察，提高企业资源利用效率。

（三）可视化、数据化、自动化的运营

在运营层面，数字化企业最显著的特点有三个，即可视化监控、数据化决策、自动化响应，而且这三点是有着前后逻辑关系的。

1. 可视化监控

可视化是数字化运营的基础。传统企业对运营的了解主要基于各种各样的业务统计报表、财务统计报表。为此，企业培养了很多擅长做报表的人，他们不停地加班加点，不停向下面要数据、做报表，但仍然难以满足领导的需求。领导总是觉得这些报表一是速度慢、二是粒度不够、三是不准确，经常几份报表的同一数据不一致，不知该信哪一个。而下属公司也要疲于不断报送各种数据，苦不堪言。大数据平台、数据中台等为这些问题的解决提供了有力的工具，可以让领导、管理人员、运营人员在系统中实时了解业务运营状况，真正实现可视化的监控、预警。

2. 数据化决策

以数据价值为基础，人工智能分析为引领，搭建企业全局数据平台和智能分析系统，为企业运营管理的所有环节提供分析洞察，并从分析运营结果向预测未来发展趋势转变。妨碍企业整合数据分析平台建设的因素包括技术和部门墙带来的数据隔离，后者是目前更主要的障碍。智慧大脑在数据来源、数据分析能力、数据服务企业的方式几个方面都与传统方式有着明显的差异。

3. 自动化响应

传统的数据分析更多的是为领导决策提供依据，领导看到数据后再根据自身的判断和经验做出决策，这个周期较长，而且具有很多的意外因素，应用的范围也较小。在数字化企业中，数据应用不再是领导的专利，也不仅仅是提供

决策的参考，而是可以根据预设好的参数进行自动响应，直接驱动流程做出反应，减少人员的干预，速度更快、效率更高、应用范围更广。

总之，数字化转型最核心的要务就是打造新能力。过去，企业的核心能力形成于封闭的价值体系下，更多关注企业内的和企业之间的有限合作，这些能力包括研发创新能力、生产管控能力、供应链管理能力、财务管控能力等。数字化时代，企业的核心能力更多地来源于创新驱动的开放生态，产品的创新能力、组织的柔性能力、数据的快速应用能力、精准的用户服务能力、为一线员工赋能能力等都成为新的核心能力。只有这些新能力被真实地打造出来，那些所谓的创新模式才不会是纸上谈兵，才能真真正正创造价值。

（四）平台式赋能组织架构

现在的时代是互联网时代，平台服务时代，传统的金字塔式组织架构对企业来说已经不再适用。在这一波全面数字化的浪潮中，冲击最大的将是企业的组织管理模式。美的集团方洪波认为，现阶段组织和管理的变革比技术创新和产品创新更加重要，组织改造不了，互联网改造都是空的。俞敏洪也认为，一切传统企业转型的问题到最后都是组织的问题。因此，企业的数字化转型最终都会是企业的组织变革与颠覆。

数字化时代的企业组织架构都是真正以人为本、以用户为中心、以价值创造者为驱动的，这样的话在传统企业也会说，但大多数仅停留在口号层面，而互联网企业则将其变成了现实。互联网精神的一系列内涵无不围绕着对人的尊重，自由平等、开放沟通、去权威化、自主表达，都在释放人性的内在诉求。倾听我、参与感、平民化、个性化，不管是对用户的极致价值创造，还是对员工的人性化管理，都体现了对"人"的空前重视。数字化时代，人本精神将成为社会最核心的价值观支柱，并将因此带来商业价值观和管理哲学的深度变化。

（五）创新成为一种常态

数字化时代，"变化是唯一的不变"成为时代的基础。企业最重要的能力是企业级、体系化的创新能力，创新成为企业发展的新常态！数字化的企业既需要具备明确的创新战略，又需要具有运行良好的创新管理体系，两者承上启下，密不可分。

创新战略是起点，也是指导创新管理的"基本法"，是企业创新的风向标，是顶层设计，指导了创新体系的长期布局。创新管理是承接创新战略的落地体系，包括组织、机制、激励、文化等要素。企业应制定有前瞻性又切实可行的创新战略，建立顺畅的创新机制，培育创新的 DNA，新的成果才能不断涌现。

（六）横向协同的、敏捷的 IT 架构

数字化时代企业需要具备敏捷的反应能力，从而对外把握用户和市场的迅速变化，对内满足企业管理要求。敏捷能力的建设需要商业模式、IT 架构、产品开发方式同时实现敏捷。

在 IT 建设方面，传统 IT 的架构都是以竖井为主进行开发的单体系统，虽然可以满足单条业务条线的业务需求，但在横向协同、快速响应业务变化方面却具有天生的劣势。IT 架构要向中台方向转化，构建业务中台、数据中台、技术中台，支持业务的横向协同，为用户提供一体化服务，并需要构建敏捷迭代的 IT 管理体系，支持业务快速变革。

第三节　传统企业数字化转型趋势

一、数字化转型的成熟度模型

为了更好地分析企业数字化转型所处的阶段，首先需要制定一套标准来衡量企业数字化转型的成熟度，找出推进不利的可能原因，以及相应需要采取的措施。

（一）数字化认知阶段

数字化认知阶段是最初阶段。在这一阶段，企业已经开始认识到数字化转型的必要性和重要性，也开始理解到底什么是数字化，本企业的数字化到底应该怎么做，数字化与信息化如何有效衔接等问题，正纠结于要不要进行数字化转型，怎么转。管理层尚未制定数字化战略愿景，将数字化置于次要地位。企业高层不发起、不指导或不协调数字化变革。在实践方面，可能有部分零星的数字新技术的应用，但都不成体系，应用效果有限。

（二）数字化探索阶段

数字化探索阶段是数字化转型的初级阶段。在这个阶段，业务部门开始比较广泛地采用点状数字技术应用，例如市场部的数字营销精准投放、销售部的数字看板等。但数字化赋能力度有限，部门之间缺乏沟通协同，业务规划狭隘短视，全局视野和前瞻性思考不足。管理层知道正在进行的数字化变革，但并无数字化转型战略，更没有集中指导或协调数字化转型的计划。数字化探索阶段对于培养企业的数字化文化、数字化意识意义重大，通过一系列的成功实践，可以增强员工的数字化转型信心，为后续大规模的数字化建设奠定基础。

（三）数字化赋能阶段

第三个阶段是数字化赋能阶段。管理层将数字化确定为企业的重点战略，已经制定了数字化转型路线图并全力实施，同时已经组建了一个数字化团队来领导变革；开始有规划地进行大规模的数字化应用；利用数字化建模技术进行流程优化、组织调整，并尝试基于数据进行运营的优化，提高运营的集约化水平，最终实现提质增效的目的。在利用数字化技术优化运营的同时，企业还会探索如何利用新技术进行商业模式创新，并通过商业模式的创新倒逼内部流程和绩效机制等的整体优化。

（四）数字化创新阶段

第四个阶段是数字化创新阶段。这一阶段数字化转型的重点是商业模式的创新和应用。通过数字化的创新应用，企业较为彻底地实现以用户为中心的内部运营模式和外部商业模式的转型，原来的传统业务经过数字化技术的赋能，产生巨大的价值和效益。企业凭借数字化技术的应用在业界居于领先地位。

（五）数字化再造阶段

数字化再造阶段是数字化转型的高级阶段，是传统企业脱胎换骨转化为数字化企业的关键一步。一般有两种类型的再造：一是企业内部与数字化生产力相适应的生产关系的再造，让历史悠久的企业重新焕发青春，使数字化生产力得到充分的释放；二是打破企业边界，以并购、融合、创新等跨界方式实现企业的商业模式再造。通过采用创新的数字化模型，组织改变了原有的商业模式，甚至影响了其所在的行业和其他行业。

当然，对大多数企业来说，数字化转型不会是一条坦途。数字化转型的成熟度随着建设的深入不断提升只是一个美好的愿望。成熟度提升可能是一条 U 型曲线，一般会经历四个阶段：憧憬期、探索期、优化期、收获期。

1. 憧憬期

这一阶段人们对数字化没有太多实践，对数字化的理解更多来自媒体报道、互联网公司的实际体验等，部分员工对数字化能带来的服务优化、效率提升、业务创新等价值充满期待，并开始探索一些数字化创新的机会点。但总体来看，企业高管并不太关注数字化，或者说仅仅是口头上重视。

2. 探索期

随着数字化理念的进一步传播，企业内部的业务部门提出了数字化应用的需求，IT 部门开始建设相应的系统，新业务、新模式慢慢壮大。在这个时期，由于没有对商业模式进行充分探讨，可能会出现新模式与传统模式的冲突。比如，前几年大家都很头痛的电商业务就是如此，如何实现真正的 O2O，避免左右手博弈是很多传统企业非常困惑的事情。但总体来说，随着数字化转型的深入推进，大家意识到需要对传统的管控模式、运营模式甚至组织模式进行优化。

3. 优化期

数字化应用越来越多，人们也开始意识到数字化的价值，于是需求开始爆发，建设逐步加速。越来越多的人发现数字化不是简单的技术应用，而是一个全面的变革，很多企业开始从全局去推动数字化转型，从上到下进行总体设计，指明未来的方向，实施破除体制、机制障碍的举措，为数字化转型扫清障碍。

4. 收获期

在从上到下顶层规划和从下到上探索的双重推动下，数字化转型进入加速期，真正开始去朝好的这个方向推进。当然，冲突和困难仍然很多，但总体趋势是向上的，数字化成熟度也在不断的实践中得到逐步提升。

由此可见，数字化转型不是一蹴而就的，而是一个逐步深入、长期的变革过程。成功启动数字化转型需要结合自身企业的特点，稳步推进。

二、数字化转型的成就与挑战

谈到数字化转型，很多人经常会问，国内哪些传统企业已经完成了转型？它们的转型有什么经验可以借鉴？应该说，企业数字化转型仍然在路上，还没有哪家企业宣称已经完胜。但在各行各业确实涌现出一批领先企业，它们的成功经验可以为更多的企业提供借鉴。在此，首先看一看美的集团数字化转型的历程，并分析它们领先的成功经验。

（一）美的数字化转型案例

美的集团是中国最大的家电企业之一，常年在空调、冰箱、洗衣机领域名列前茅。然而，这样的标签让很多人对美的的全局认识有了偏差。事实上，美的是一家以数字化、智能化驱动的科技集团，拥有数字驱动的全价值链及柔性化智能制造能力。

在美的集团上市之前，美的内部高度分权、离散化，业务体系间数据系统极度孤岛化。为打破孤立、分散的困境，美的拉开了数字化转型的序幕，定下了"一个美的、一个系统、一个标准"的变革决心。当时，刚刚担任董事长的方洪波做了一个重大选择，将已经建立多年并稳定运行的信息系统推倒重来，要在一张白纸上重新画出最新最美的图画。在这之后，美的逐步从数字化1.0进阶到数字化2.0，并正在进入工业互联网阶段。其间，由硬件向软件思维转变，建立数字生产的智能制造厂，精细化管理柔性制造环节，实现了数字化驱动从用户需求到服务端，线上线下统一、上游下游一致的全价值链。

在接受杨国安访谈时，方洪波也坦言，我们最初认为数字化只是IT技术，但随着数字化与企业发展的深化，我们在其中尝到了甜头，并愿意为了尝到更大的甜头，做出更多的投入，对数字化的认知也在逐渐深入，终于理解了数字化不再是一种技术，它牵涉企业的方方面面，整个全价值链。

全价值链主要有以下几个方面。

第一是极大地改变了美的的所有员工，包括合作伙伴、上下游相关者以及与美的相关的人员，能够采用符合时代趋势的工作方式。用户在手机上动动手指就可以完成程序安装，供应商在手机上也可以完成所有的交易、供货等，很多流程都发生了变化。

第二是极大地改变了企业的运作效率。效率的提升直接改善了现金周期，提高周转效率，加快市场反应速度，缩短产品开发周期，提高盈利能力。

第三是改善了做生意的方法，或者称为业务方法。通俗而言，做生意就是如何生产、开发产品，并将产品卖给零售商、用户。这些过程去中间化，变得更加扁平、快速。

第四是商业模式创新正在发生，未来可能会更快。美的整个企业的商业模式会发生改变。商业模式包括如何根据需求前瞻性地开发产品，柔性化地制造产品。

美的整个转型的思路就是大平台、小组织、小团体、小单元、小业务、小分队。美的在跟互联网企业学习，后台是高度的一致性，根据企业的数据、技术，追求敏捷。上面就是建两个核心，一个业务中台、一个技术部门，前方全是小的团队，区域的、产品的、以某一个业务板块划分，技术部门成为企业的指挥、赋能中心。

公司已经把数字化转型提到非常核心的战略中。在将来的某一天，随着企业价值链高度的数字化，所有的流程、工作方法及商业模式都得到改变。公司所有涉及全价值链的合作伙伴、供应商、销售伙伴，都要用数字化支撑起来，用数据驱动业务运营。这是非常确定的战略，也是美的一直在做的事情。

在回顾这些年转型成功的关键因素时，方洪波总结了如下几点。

第一是领导的支持。任何一个重大的转型、数字化转型，推进人都是业务的领导。数字化的推动一定是"一把手"工程：如果"一把手"不推，永远推不动；"一把手"想推，再大的困难也会解决。这个过程当中就是一口气，一口气突破了、顶住了，可能就是一片新的天地，没有憋过去，又回到了起点。数字化如果要单独靠技术部门来推动或者靠 IT 来做，实际上是产生不了效益的。

第二是全员的支持。方洪波认为，转型本质上要转的是人。团队结构不转，思维不转，知识结构不转，能力不转，那就是空谈。数字化转型是牵一发而动全身，不是某一个人，也不是 IT 部门，不是某一个业务单元，而是美的集团每一个部门，每一个业务单元，每一个人都要参与。以前所有的高管都是在工业时代成长起来的，思维都是硬件思维，美的今天转型就是一个由硬到软的过程。为此就需要大量软件思维，现有的团队都需要改造思维。

第三是人才的有力支持。今天的数字化技术不仅要有懂各种数字化技术的人才，还要有具备数字化思维的人才。不仅要懂数字化技术，还要懂传统业务的结构，要知道未来的业务结构，既要对业务要有非常深刻的理解，还要对未来的商业模式、方法有深刻的洞察力。这样的复合型人才是极度紧缺的。为此，美的花大力气完善现有的人员能力，同时大量聘请外部的专家，吸引数字化技术人才。美的内部的激励文化工作氛围，不是用传统硬件制造业的模式或者文化激励来管理。整个组织能力最核心的改变是，关键人才和领导人才的升级及配套。

（二）领先企业数字化转型经验总结

美的只是众多数字化转型领先企业中的一个，这些领先企业行业不同，数字化转型过程中所做的事情也不完全相同，但有一些做法是具有普遍价值的，可以供大家参考借鉴。

1.战略明确是数字化转型成功的前提

数字化转型升级是一场认知与思维革命，是一场脱胎换骨的系统性变革。

企业不仅对转型升级要有长期的技术、人才、变革管理的投入，创新的投入，更要进行观念的变革，思维的革命，战略的顶层设计。企业需明确数字转型的使命、愿景、目标、转型路径、重点任务、关键计划、资源保障等战略内容和要素，明确数字化转型的愿景和方向，做好数字化转型定位，明确总体目标和阶段性目标，而且要广泛动员宣贯，全体人员积极参与，让各利益相关者明确数字化转型的价值。将战略任务分解到各级企业，分解到组织，最终分解到人，制定考核和激励机制，强力推动战略落地实施。调查数据显示，将数字化战略贯穿始终的企业，其业绩增长和盈利明显高于其他企业。例如，华为对数字化转型战略决心非常坚定，2016年，华为就将数字化转型作为未来五年唯一的战略变革方向。在华为，数字化转型不再是问题和ROI驱动，而是愿景驱动。由此可见，有没有贯穿始终的数字化战略，将在很大程度上决定企业数字化转型的成败。

2. 成功的企业都在全方位数字化升级

随着移动互联网、云计算、大数据和人工智能等新技术的发展，企业数字化转型在加速推进，传统的生产方式和商业模式被重新定义，产业生态正在由以产品为中心的单向链式价值链向以消费者为中心的全链路环式价值网转变。成功的数字化转型企业在数字化战略、业务数字化、数字化组织和数字化基础设施方面进行的是全方位的数字化转型。

3. 一把手亲自带头是转型成功的关键

尽管我们一直强调企业数字化转型过程中机制的重要性，但优秀企业家在其中的作用才是最关键的。数字化转型首先要转的是企业高管的意识，他们不能带头推进，底下的人说再多也是枉然。笔者曾经服务过的一家企业，高管对已经打到家门口的互联网企业仍然不以为意，满口说的都是对方的问题和不足，仍在不断回顾自己往日的辉煌，这样的企业买再多的先进设备也无济于事，数字化转型不可能成功。

4.业务变革与数字化应用同步

包括美的在内，大家对数字化转型都有一个在认识上逐步深化的过程，从最开始的技术应用逐步上升到业务变革和战略高度，这个转变是需要时间的。随着认识的深化，企业也逐渐总结出了数字化转型与业务优化同步推进的经验。例如华为有完善的变革管理机制，IT应用是业务变革的落地工具，在IT系统实施之前首先要进行商业模式、运营模式的优化，流程的调整，如果涉及组织和KPI指标变革也会在系统实施前拿出方案，最后才是系统实施。业务和IT的同步优化确保了变革的整体性，减少了系统实施的难度。

5.做坚持变革的长期主义者

数字化转型是一项企业内部全流程的重塑与再造，涉及面广，影响大，稍有不慎，就有可能对企业正常经营以及社会形象造成负面影响。推进企业数字化转型是一项艰巨复杂的工作，实施过程中难免会遇到很多新问题、新挑战，绝非一朝一夕之功，而是一项长期的工作，企业要有战略定力，做好长期作战的准备。

（三）落后企业为何步履蹒跚

在数字化转型的征程上，有些领先企业已经初见成效，但还有更多的企业的转型仍然是"理想很丰满、现实很骨感"，做起来步履蹒跚。与领先企业的成功经验相比，落后企业虽然是各有各的情况，但也有很多共性的问题。

1.没有真正把数字化作为长期战略，缺乏持久作战的定力

现在，很多传统企业的数字化转型仍然缺乏明确的战略目标和方向，在心态上就存在问题。例如，有的企业普遍抱有投机心态，把数字化转型当成一个风口，盲目投资、盲目创新；有的企业仍然活在过去的功劳簿上，认为我是行业老大，我的资源优势是互联网企业远远不可比拟的；还有的企业抱着只要大把砸钱，没有砸不成的心态去做数字化转型。由于心态的偏差，这些企业对数字化转型升级普遍缺乏系统思考与战略共识，导致转型升级的战略准备不够，变革领导力不足，战略执行力差，结果往往是不尽如人意。

另外，很多企业的高层领导经常会有"一万年太久，只争朝夕"的感慨，总觉得数字化转型不能等，需要尽快见效、尽快成功，于是我们经常看到很多大干快上的规划出台，希望在2—3年内让企业有一个翻天覆地的变化。而一旦在实践中遇到一点困难，就立刻止步不前，对变革充满悲观、抱怨的情绪，宝贵的时间窗口就这样浪费掉了。

2. 转型的业务地基不牢，管理不配套

数字化转型是利用信息技术提升业务和管理的过程，业务和管理水平是数字化转型的地基，但很多企业的业务与管理地基不牢，很多企业连管理的1.0都没做到，就妄想买一套工具实现管理4.0，这是不可能的。在数字化转型过程中，不少企业普遍需要补业务与管理的课。

（1）总部要补专业运营的课

近年来，打造运营型总部成为越来越多企业的目标，但传统上很多总部是职能型的，主要工作模式是下指标、做考核，对过程的管理和运营是基本不涉及的，长此以往，总部人员能力就严重退化。总部人员远离业务一线，对用户需求没有感觉，不做点事被人说不作为，一旦做事就容易瞎指挥。数字化时代，总部要打造成运营大平台，为一线赋能，核心就是要提高总部的专业化水平，为一线输送好的枪支弹药、粮草以及能打胜仗的好兵。这对总部职能的优化和提升提出了很高的要求。

（2）生产作业要补标准化的课

数字化、智能化，对标准化的要求更高。企业从员工作业层面上急需要补标准化的课。例如，流程管理体系这件事已经说了很多年，但还有很多的传统企业没有完善的端到端的流程体系，就算有流程，也是按照部门、组织进行设计的，并且在全集团、企业范围内难以得到有效管理和强制执行。这也成为数字化转型面临的巨大难题。很多企业希望靠 IT 倒逼业务优化，但又没有给予 IT 部门相应的权力，也没有下定决心，最后往往是迁就现实的小修小补，自然难以体现数字化的价值。

（3）运营管理要补精益化的课

从整个企业的运营体系上来讲，精益化程度还是比较低的。很多的决策还是凭借经验，拍脑袋式的决策，精益运营、精益管理、数据驱动运营等仍然相去甚远，企业的数据意识、数据能力都严重不足，这也是为什么很多企业购买了大数据平台，开发了很多报表、仪表盘，但使用效果始终不佳的原因。

（4）要补组织与考核指标的课

企业传统的金字塔式的组织结构离用户太远、决策重心偏高、绩效考核体系僵化、组织活力不足，这显然不适应数字化转型的需求。

因为在业务和管理上存在这些不足，很多企业的数字化转型就只能小打小闹，做一些某一个部门、某一个业务条线能够完成的小项目，一旦涉及跨部门、跨组织，或者涉及组织调整、流程优化、模式升级的大举措就无法推进了。随着时间的推移，很多企业发现，不进行业务和管理的变革，数字化转型就无法向前推进。

3. 高层领导力不足，把转型当作 IT 的事

数字化转型是一场系统的变革，要伤筋动骨，这就需要企业家、高层团队要有变革创新的勇气与责任担当。高层要有自我批判精神，要走出过去成功的陷阱，要走出舒适区，这就需要领导者有使命感，有提高系统变革的能力。否则，数字化转型的推进就会出现头痛医头、脚痛医脚的问题。但不少企业把推进数字化转型的任务交给 IT 部门，希望在首席信息官（CIO）的带领下，由信息化部门来完成企业的数字化转型工作。

数字化转型的业务内涵比信息化更丰富，业务影响比信息化更深远，需要调动的资源也比信息化更广泛。要真正协同全企业整体资源，实现数字化转型的战略目标，需要"业务挂帅、深度融合"，即首先，要由企业业务高层亲自挂帅来推动数字化转型；其次，要下决心建立起专门从事数字化转型的部门或岗位，由专业的人员来负责这项工作。

4. 片面地追求新技术，以为新技术是万能的

数字化技术是转型的驱动力，也是发展的新动能，其重要性不言而喻。因此，很多企业开展数字化转型的第一步就是导入先进的数字化工具，诸如各种人脸识别、云存储与云计算、人工智能、大数据平台、边缘计算等新技术，以为这样就可以确保企业的数字化转型工作走在时代的前列。这样看待技术显然是失之偏颇的。

（1）为了技术而技术

数字化转型确实需要通过数字技术的深入运用，构建一个全感知、全连接、全场景、全智能的数字世界。但仅仅堆砌大量数字化技术或工具本身并不能解决问题。技术一定要真正解决业务问题，创造业务价值才能发挥作用。针对这种片面重视技术的现象，任正非曾经提出过批评意见：我们不要为了炫耀锄头而忘了我们本来是要种田的。企业不能落伍于时代，但企业也不能为了赶时髦而盲目引入各种各样的最新工具。

（2）生搬硬套看待技术

很多企业对待新技术的思路仍然是"中学为体，西学为用"，仍然拿老的思路和方法去看待和应用新的技术，要么生搬硬套，要么削足适履，根深蒂固的行为风格使得新技术很难发挥价值。

总之，数字化转型本质上是信息技术驱动下的一场业务、管理和商业模式的深度变革与重构，技术是支点，业务才是内核。在引入数字化转型工具的同时，企业必须始终坚定不移地围绕用户的需求，在核心技术创新、商业模式创

新等方面持续取得新的突破。否则，再先进的工具也难发挥应有的价值。

5. 以为模仿互联网企业，就能开辟"新天地"

很多企业认为，互联网企业就代表了最先进的生产力，要转型就要学互联网思维、学互联网企业的运营模式。首先要承认的是，互联网企业确实有很多地方值得传统企业学习，但两者也存在着很大的差异，强行邯郸学步往往效果并不理想。一味地将互联网模式当作万能灵药，而不去思考业务的根本痛点，结果会适得其反，

对传统企业来说，不仅要学习互联网企业的"形"，还要学习互联网企业的"神"，神形兼备才能成功。分析那些数字化转型成功的企业案例，不难看出有四个方面的基本共同点：一是创新力十足；二是具备强烈的危机意识；三是领导者的前瞻与坚持；四是始终把用户需求作为工作的核心。做好上述四个方面，才算是学到了互联网企业的精髓。

三、数字化转型进入 2.0 时代

上面的内容对比了数字化转型领先和落后的企业的不同做法，尤其指出了落后企业的错误做法，那么这些问题怎么解决呢？这就要有一些系统化的思路。

（一）企业数字化转型的四种模式

从数字化转型的广度和深度两个维度进行划分，数字化转型可以分为四种不同的模式，如图 2-5 所示：

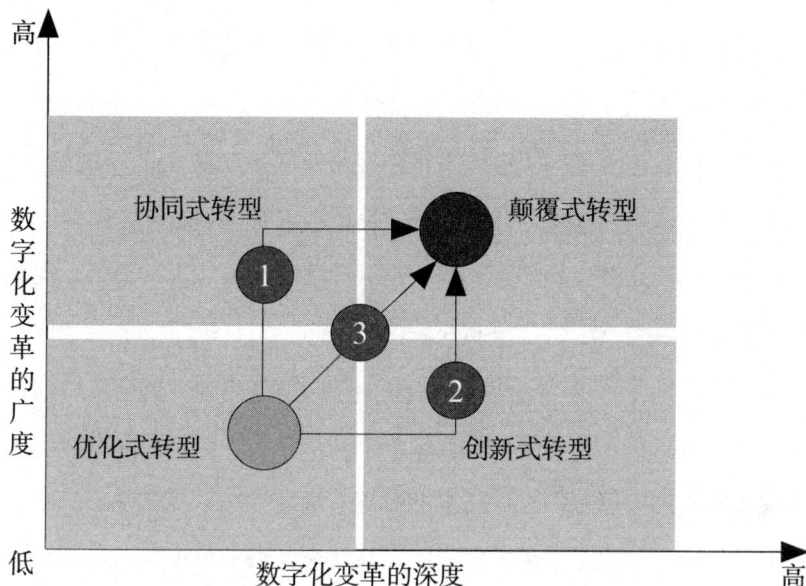

图2-5 数字化转型的四种模式

模式一：优化模式转型

优化模式转型在深度和广度两个方面都较低，相当于数字化转型成熟度的第二级，即数字化的探索阶段。

优化模式转型的主要特点是基于企业的核心能力、现状问题等确定数字化转型的项目，以项目制进行数字化的探索和尝试，但一般规模较小，范围也限定在部门、组织、业务条线范围内，转型的目标是降低成本、提高效率。

优化模式转型比较适合那些比较稳定，短期内不存在颠覆性外在力量，不需要进行大的产品和商业模式创新的行业。转型的重点是找到业务和管理中存在的主要痛点，利用数字化技术加以解决。

应该说这种模式的应用范围越来越小，因为稳定的行业越来越少，时代已经不允许企业再按部就班地进行局部优化了。

模式二：协同模式转型

协同模式转型在广度上已经很广了，但在深度方面仍较低，相当于数字化转型成熟度的第三级，即数字化的赋能阶段。协同模式转型的最主要特点是广度比较广，主要体现在企业对数字化转型已经非常重视，且前期已经初步尝试到数字化技术带来的收益，开始在企业范围内进行全面推广，自上而下、全面推进、协同创新是其主要特点。数字化应用范围广还体现在转型已经开始跨越组织的藩篱，实施跨组织、跨业务条线的协同应用、协同创新。

采用协同模式转型的一般是那些在前期探索取得初步成效之后开始加速转型的企业。对这些企业来说，挑战也是显而易见的，那就是前期的成功很多是在现有组织框架内取得的，现在要冲破现有组织架构，优化考核机制，难度往往是非常大的。这也是很多企业在数字化转型初期取得成效之后却停滞不前的原因。另外，这类企业经常犯的一个错误是试图"煮沸大海"，就是数字化转型的战线过长，还要追求面面俱到，是难以实现速赢的。

模式三：创新模式转型

创新模式转型在深度上已经很深，但在广度上有所不足，相当于数字化转型成熟度的第四级，即数字化的创新阶段。

创新模式转型的主要特点是利用数字技术构建新的战略愿景与商业模式，在业务和运营模式方面的创新成果不断涌现，效果显著，企业在原有业务、产品之外开发出有较强竞争力的数字化新产品、新服务。创新是此种模式最大的特点。

创新模式转型要求商业模式、运营模式进行根本性的变革，其难度还是很大的，没有明确的目标和长期的战略定力是不可能实现的。

模式四：颠覆模式转型

颠覆模式转型在深度和广度上都很高，相当于数字化转型成熟度的第五级，即数字化的再造阶段。

颠覆模式的特点是数字化技术实现对传统模式的重构，企业彻底再生。要实现颠覆式创新需要对企业的战略、商业模式、运营模式、IT 架构等进行全面变革，是最具挑战性的转型方式，对企业的战略眼光、战略执行、变革文化等都提出了极高的要求。

这四种模式中，颠覆式转型是最终的目标，但目前绝大多数的传统企业仍处于优化式转型阶段，它们的主要工作仍然是在局部进行零散、点状的数字化探索。

根据上述四种企业数字化转型的模式，可归纳出企业实施数字化转型从现状到目标之间的三条路径。

（1）优化模式—协同模式—颠覆模式

即在试点取得初步成效后快速扩大数字化应用范围，开展跨领域、跨板块的协同式创新。这种模式是绝大多数传统企业采用的方式，其难度和风险相对较小。

（2）优化模式—创新模式—颠覆模式

即在试点取得成功后开始探索数字化商业模式、数字化产品的创新。目前也有部分企业采取这一路径，试图通过新的模式倒逼传统的商业模式和管理机制的变革。

（3）优化模式—颠覆模式

即在试点成功后快速进入颠覆模式转型阶段，开展商业模式、管理模式的全面创新和颠覆，这种模式难度很大，一般的企业难以驾驭。

总之，目前采取路径一和路径二的企业占绝大多数。当然这两种路径也不是相互排斥的，企业在数字化转型取得初步成效之后，既可以在广度上进行扩展，同时也在某一领域深耕，两者并举，不过在不同阶段、不同领域会有所侧重。

（二）企业数字化转型的两大阶段

从时间维度看，中国企业数字化转型虽然已经经历了几年的探索，但大部分企业仍然处于优化式转型阶段，即成熟度的第二级，有部分领先企业已经进入协同式转型和创新式转型阶段，开始全面推进数字化转型与模式创新。大部分企业的数字化转型在"十四五"期间进入一个新的阶段，这个新的阶段将会呈现出如下几大新特点。

1. 业务新模式

即在现有产品和服务领域之外探寻新的创新可能，业务模式创新将成为传统企业未来几年数字化转型的重心。

2. 运营新理念

即通过数字化技术实现跨业务、跨组织的协同与共享，通过内部协同实现运营的一体化和产品的创新，通过外部协同构建和谐的生态以更好地为用户提供一体化服务。

3. 管理新方法

即重视数据驱动决策和运营，数据和算法将真正成为企业的核心资产，数据组织、数据文化将会真正落地生根，支持企业精细化、智能化管理和赋能。

4.IT 新架构

即实现 IT 架构从纵向烟囱式向横向共享转型，拆烟囱、建中台是未来几年传统企业 IT 建设的重点。

如果需要一个更加明确的划分的话，本书把"十四五"期间的数字化转型进程称为数字化转型 2.0 阶段，相对而言"十三五"期间则为 1.0 阶段，如图 2-6 所示：

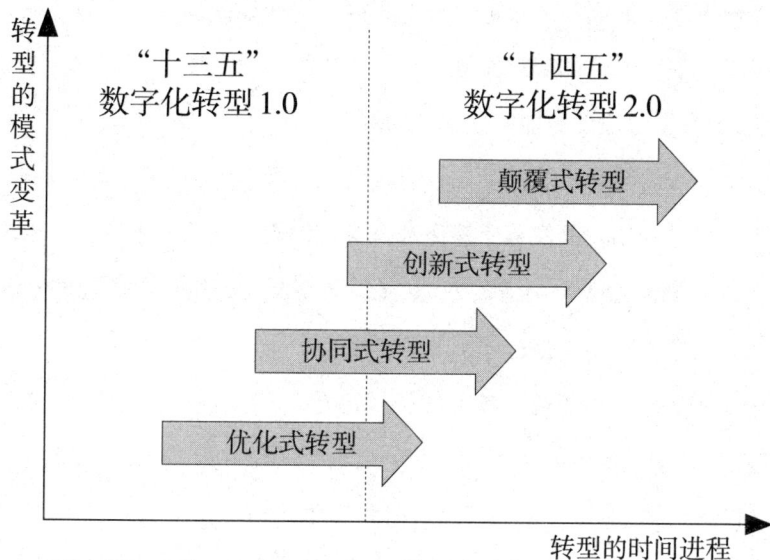

图 2-6 数字化转型的阶段划分

具体来看，数字化转型 1.0 与 2.0 的主要差异如表 2-2 所示：

表 2-2 数字化转型 1.0 和 2.0 的主要区别

	数字化转型 1.0	数字化转型 2.0
数字化战略	基于现有业务战略的数字化策略	基于用户需求的第二曲线创新
商业模式	少量的、局部的商业模式创新	全面的、颠覆性的商业模式创新
运营模式	以效率和成本为核心的运营优化	以协同和智能为核心的运营优化
IT 架构	纵向的烟囱式核心系统建设	全面中台化的横向架构整合共享
变革机制	以 IT 为引领的局部变革	以战略为引领的全面变革

具体来说，数字化转型 2.0 具有以下几大特征。

（1）数字化建设更加重视商业模式的创新

过去几年内，企业数字化转型更多的是在现有业务框架内部的在线化、数据化、平台化，虽然也有部分企业开始探索利用新的技术实现商业模式的创新应用，但总体看成效不是很显著。随着互联网＋转型的逐步深入，会有越来越多的企业聚焦于如何利用数字化技术实现第二曲线的创新。这既是数字化应用发展的客观规律，也是应对外界互联网入侵的必然之举。

（2）数字化建设更加关注统一的用户运营

营销领域的数字化是过去几年的数字化转型热点，很多企业开发电商平台、营销工具、开始用户画像和个性化推荐等，但真正实现全渠道统一用户运营的并不多，这既涉及多个渠道的 IT 整合，又涉及内部组织、流程的整合，难度比新建渠道要大得多。但已经被互联网企业"惯坏"的消费者越来越难以忍受传统企业的服务，全渠道一体化的统一运营必然成为数字化转型 2.0 阶段的另一个重点。

（3）从部门制度应用向跨组织协同应用转型

信息孤岛是信息化时代所有企业的痛点，随着新的数字技术的快速应用，这一现象不但没有消失，反倒更加严重了。企业为了满足前端业务需求，快速开发了无数的碎片化的应用。要想消除孤岛，必须有业务上的协同，但业务的协同就需要组织的优化、利益分配机制的调整，这也是数字化转型的一个难点。但如果不敢触碰这个难点，转型就无法再深入下去。如何利用数字化的技术实现业务之间的协同将成为数字化转型 2.0 阶段的第三个重点。

（4）IT 架构将从纵向烟囱式向横向中台式转型

实现跨业务的协同离不开 IT 架构的支持，但传统的纵向烟囱式架构在协同面前变得越来越困难。中台就是解决这一难题的一种尝试，这也是数字化转型 2.0 阶段的另一个重点任务。

当然，不同企业的转型步伐并不相同，领先企业已经开始颠覆式创新，居中的企业则在探索跨部门的协同和商业模式的创新，而相对落后的企业也会在未来几年结束无序探索，进入更高阶段。总之，企业数字化转型在"十四五"期间进入深水区，比较容易进行的变革已经基本完成。对很多企业来说，未来数字化转型面临的难度会更大、挑战会更多。但未来传统企业数字化转型和创新的路也会更精彩，会有更多的企业通过转型升级重新屹立于时代的潮头。

（5）将有一批传统企业进化为产业互联网企业

过去十几年都是消费互联网的时代，但随着数字化技术逐步向产业界的渗透，未来十年将是产业互联网的时代，这也是数字化转型 2.0 的一大特征。在产业互联网领域，互联网企业并没有天然的优势，传统企业也没有必然的劣势。正如高瓴资本张磊所言：世界上本没有科技企业和传统企业的分别，优秀的企业总会及时、有效地使用一切先进生产要素来提高运营效率，从而实现可持续增长。数字化转型领先企业和滞后企业的业绩差距会进一步拉大；部分企业将成长为细分行业领域的产业互联网引领者。本书接下来将会详细论述数字化转型 2.0 的内涵，并对如何进一步推动数字化转型给出自己的理解和建议。

第四节　不同类型企业的数字化转型策略

企业数字化转型是一个复杂的体系，行业特性、所有制、企业规模等都会影响转型的策略及工作重点。本节以大型国企和中小企业这样两类比较典型的企业为例，说明它们实施数字化转型的特点、面临的挑战、未来的转型思路。

一、大型国企数字化如何深入推进

（一）从产业数字化到数字产业化

从建设内容角度看，国企数字化转型可以细分为产业数字化和数字产业化两条主线。所谓产业数字化是传统产业利用数字技术提升数字化、网络化、智能化水平，实现产出增加效率提升的过程；所谓数字产业化是以互联网、云计算、大数据、人工智能等为代表的新技术研发创新，并实现产业化的过程。

1. 产业数字化建设的主要内容

从产业数字化角度看，不同行业会有不同的建设内容，但总体上可以包含如下几个方面内容。

（1）产品创新数字化

通过推动产品和服务的数字化改造，提升产品与服务策划、实施和优化过程的数字化水平，打造差异化、场景化、智能化的数字产品和服务。

（2）生产运营智能化

实现作业现场全要素、全过程自动感知、实时分析和自适应优化决策，提高生产质量、效率和资产运营水平，赋能企业提质增效。

（3）用户服务敏捷化

加快建设数字营销网络，实现用户需求的实时感知、分析和预测。整合服务渠道，建设敏捷响应的用户服务体系，实现从订单到交付全流程的按需、精准服务，提升用户全生命周期响应能力。

（4）产业体系生态化

加强跨界合作创新，与内外部生态合作伙伴共同探索形成融合、共生、互补、互利的合作模式和商业模式，打造互利共赢的价值网络，加快构建跨界融合的数字化产业生态。

2. 全面推进数字产业化发展

在利用数字化技术对现有运营提质增效的基础上，未来还应以数字化技术为引领，开拓第二增长曲线。很多国企结合企业实际，合理布局数字产业，聚焦能源互联网、车联网等新领域，着力推动电子商务、数据资产运营、共享服务、平台服务、新零售等数字业务发展，打造规模化数字创新体，培育新业务增长点。

（二）国企数字化转型存在的问题与挑战

很多国企的数字化转型进入了深水区，接下来面临着涉及跨组织协同、组织变革、业务创新的挑战。具体来说，主要包含如下几个方面。

1. 购买技术易与体制变革难之间的矛盾

在国企有一个很显著的特征就是资金充裕，很多国企在 IT 投入上还是比较大方的，这也导致它们对新技术、新平台比较偏爱，往往买起来比较痛快，什么平台新、什么技术热门，先买回来试试。众多的数字化创新案例大多是这一类。但这些新技术在国企内往往只是点状应用，无法真正发挥最大价值，尤其是当新技术应用与现有体制发生冲突时，就更加难以深入应用。旧有的体制往往成为数字化转型和创新的最大障碍。

2. 总部标准化与分支机构个性化的矛盾

集团建设大平台加强管控是国企的主流指导思想，集团要求建设统一大平台实现业务的标准化、一体化，这往往抹杀了各分支机构的个性化要求，从管控角度看似乎没什么问题，但分支机构直接面对市场竞争，则是希望能够快速迭代式创新，对系统的个性化要求提出了越来越高的要求。怎么在标准化和个性化之间找到一个平衡，仍然是一个难题。

3. 两头热和中间冷之间的矛盾

在外部竞争的压力下，那些昔日令人羡慕的国企经营也变得充满压力。在这样的情况下，一方面，很多国企的一把手把数字化转型变成企业变革的主要动力，再加上政府的鼓励，企业高管往往把数字化看得很重，对转型寄予了很高的期望。另一方面，一线员工由于业务开展的需要，也对数字化建设充满了期待，希望利用新的技术来减轻自身压力。但到了实施与执行的层面，中层管理人员却缺少动力，因为数字化转型的一个结果就是通过信息的共享和快速传导减少中层的作用，因此，中层管理人员往往对数字化转型的积极性并不高，这就导致出现了"两头热、中间冷"的局面。

4. 急迫见效与能力不足之间的矛盾

国企还存在一个比较普遍的问题就是领导经常缺乏耐心，希望在有限的任期内能够有所建树，在对待数字化转型时往往希望毕其功于一役。这种想法有复杂的背后原因，也是可以理解的，但数字化转型是一场复杂的系统工程，要有长期战斗的决心才行，急切希望见到成效的心情往往会让下属只做那些容易见效的事情。那些真正有价值，但很难快速见效的工作往往会被自动过滤掉。

5. 纵向烟囱与横向协同之间的矛盾

大型国企在过去几年内都投入了很大的精力来建设大平台，集团总部牵头来整合纵向系统。通过大平台实现纵向系统的整合，实现了业务操作的标准化，这是值得肯定的成就。但这些纵向的烟囱系统也成为阻碍不同业务条线之间协同、共享的主要障碍。很多企业非常尴尬地发现，在刚刚完成纵向整合之后就要面临拆烟囱的任务，要通过中台等实现横向的协同与共享，但中台建设遇到的最大阻碍不是技术问题，而是没有部门牵头。于是，协同与共享的理念被反复提及，但就是很难落地。

6. 整体转型需求与碎片化供给之间的矛盾

对国企来说，数字化转型本身是一种全面的创新和变革，要让这些创新举措落地需要大量的数字化工具来支撑。但目前软件厂商还没有准备好，无法像过去一样提供完整的解决方案，现有厂商在被数字化转型浪潮裹挟下往往只能提供部分的、碎片化的技术，在需求和供给之间也形成了一个很大的矛盾。为了解决这一问题，大型国企近年来纷纷成立自己的科技公司，自己开发、整合个性化方案。于是，总体的 IT 建设模式也发生了巨大的变化。

（三）国企数字化转型的总体建议

面对国企数字化转型遇到的这些问题与挑战，此处给出如下几点初步建议。

1. 制定数字化转型规划和路线图

国企一般都有制定数字化规划的习惯，这既是政府的要求，更能够通过规划明确转型方向、目标和重点，勾画商业模式、经营模式和产业生态蓝图愿景，还可以通过规划过程广泛宣贯数字化转型的理念、知识，提高员工对数字化转型的理解和认知。另外，在这个过程中还可以对外界环境变化、自身能力差距、优化改进举措等都形成更完整、更清醒的认识。

2. 协同推进数字化转型工作

很多国企的数字化转型进入了深水区，未来的主要任务是协同、共享，其难度比之前纵向合同整合大很多，这需要在数字化治理结构上有更多强有力的支撑。首先，要成立高级别的数字化领导小组，对规划、科技、信息化、流程等职能部门进行统筹，优化体制机制、管控模式和组织方式，协调解决重大问题。其次，要成立跨部门的数字化管理办公室，推动横向部门间的协同。另外，要探索建设数字化创新中心、创新实验室、敏捷化的新型数字化组织，推动组织与管理变革。同时，考核体系也要与时俱进，以价值效益为导向，跟踪、评价、考核、对标和改进数字化转型工作。

3. 做好数字化转型资源保障

国企的数字化转型涉及面广，不可冒进，在稳定经营的前提下，应提前做好数字化转型的支持保障工作，包括管理、人员、技术等方面的支持保障。建立与企业营业收入、经营成本、员工数量、行业特点、数字化水平等相匹配的数字化转型专项资金投入机制。加快培育高水平、创新型、复合型数字化人才队伍，成立独立运作的 IT 科技公司，健全薪酬等激励措施，完善配套政策。

二、中小企业转型如何快速破局

据相关报道,截至 2021 年末,我国企业的数量达到 4 842 万户,其中 99% 以上都是中小企业。然而,中小企业也存在很多自身的问题,例如经营规模小、抗风险能差,管理水平弱、融资能力不足,经营方式灵活、创新能力不够。数字化浪潮同样也对中小企业带来了巨大冲击,但中小企业存在的这些特点也决定了其数字化转型的策略与大型集团企业的并不相同。

(一)中小企业数字化转型存在的问题

根据《中小企业数字化转型分析报告(2020)》报告数据显示,89% 的中小企业处于数字化转型探索阶段,8% 的中小企业处于数字化转型践行阶段,仅有 3% 的中小企业处于数字化转型深度应用阶段。广大中小企业迫切希望通过数字化转型提升生产效率和提高产品质量,但普遍面临"不会转""不能转""不敢转"的难题。具体来说,中小企业数字化转型存在如下几个方面的挑战。

1. 数字化转型能力不足

近几年,互联网企业发展迅猛,传统企业数字化转型力度空前,对 IT 人才的需求猛增,很多大型的集团企业都在感慨高水平 IT 人才难得,对广大的中小企业来说就更是如此了。对于内部员工的 IT 能力来说,中小企业一般也不占优势,很多员工 IT 意识、能力都不能满足需求。

2. 数字化转型基础薄弱

数字化是信息化建设的高级阶段,前期的信息化基础决定了数字化转型能否顺利进行。很多中小企业信息化建设任务还没有完成,系统孤岛难集成,数据不标准难共享等问题普遍存在,现在又面临数字化转型的挑战,任务是异常艰巨和复杂的。

3. 数字化转型认识不到位

在转型过程中，部分中小企业对现有数字化基础、数字化转型的需求认识不足，有不少企业关注的是采购的信息系统软件是否领先、购买的设备是否先进等，而忽视了将数字化技术和企业营销、运营、管理的进行深度融合，认知的偏差必然会带来错误的行动。

4. 资金少、数字化转型投入低

数字化转型前期投资大，研发风险高，科研实力水平要求高，转型效益短期内不容易显现，在资金供应不足的前提下，中小企业更倾向于将资金用于扩大再生产等看起来硬性的"刚需"，而对数字化这种软投入就会不足。

（二）中小企业数字化转型的策略

面对这些难题，中小企业要想在数字化转型方面有所作为，可重点从如下几个方面入手。

1. 提高数字化转型意识，充实数字化人才储备

中小企业要认识到，数字化转型是大势所趋，数字化转型不是简单的机器换人，而是要形成生产要素的全面协同，打通企业内部的全数据链。因此，中小企业的管理者首先要增强数字化的意识，提高企业数字化转型的内生动力和能力。其次，要着力解决数字创新人才紧缺问题，要充分利用多种线上平台学习数字化技能。最后，鼓励政企校共建中小企业数字化人才实训基地，激发行业协会、培训机构等在数字技能人才培育中的作用，为中小企业培养更多的数字化人才。

2. 吃透用好国家政策，更好地借助外力

为了帮助中小企业降低数字化转型成本，国家出台了一系列有针对性的政策和措施。例如，2023 年，工信部实施《中小企业数字化赋能专项行动方案》，

明确推动中小企业数字化赋能工作的统筹协调，政府、服务机构、企业协同推进和落实好专项行动，发挥中小企业主体作用，主动适应新形势，推进自我变革与数字化赋能，提升企业应对风险能力和可持续发展能力，调动数字化服务商积极性，发挥中小企业公共服务示范平台和平台网络作用，帮助企业加速数字化、网络化、智能化转型。在政策实施过程中会有一系列的资金、技术、人才优惠机会，中小企业也应该主动关注、利用好扶持政策，借助外力提高数字化水平，降低转型成本，提升转型效率。

3. 推进 SaaS 平台应用，降低开发成本

中小企业在进行数字化、网络化、智能化转型的过程中，由于自身开发能力有限，SaaS 应成为中小企业数字化转型的主要工具。中小企业可根据实际需求，购买财务、人力、供应链、制造等云服务，快速构建数字化能力。一是采购供应数字化，帮助采购部门连接供应商，进一步降低采购成本。二是生产过程数字化，通过推动企业生产系统、生产数据等上云，优化生产控制流程，提升生产效率和水平。三是营销数字化，通过上云提高用户的触达程度和转化效率，实现销售规模的扩大。四是管理数字化，通过云平台打破企业内部的数据孤岛，使各部门实现真正的协同办公。

4. 加入平台生态圈，成为别人生态的一部分

目前，大型集团企业纷纷依托自身在价值链中的主导地位，构建工业互联网平台，并整合外部资源构建行业服务生态。中小企业由于自身能力不足，难以搭建有影响力的行业平台，但可以通过加入大企业的行业生态，成为整个平台的一部分。这样不仅可以依托平台提高自身的数字化水平，还可以通过参与生态构建提升市场份额。

第三章　传统企业数字化发展策略

第一节　传统企业的数字化准备

目前，数字化是企业战略管理的前沿问题，也是最重要的问题，不仅涉及传统企业，还包括在网络化浪潮中涌现出的纯粹互联网公司。传统的企业如果以企业目前有利润可赚而视数字化改造为另路神仙，或视之为时髦的可有可无的装饰品，那它的领导者毫无疑问是犯了一个战略性的管理错误，而不是一个小小的战术错误。网络未来的企业必然是 dot.com 的天下。而那些在 20 世纪 90 年代于 NASDAQ 或各国二板市场上市并成长起来的众多纯粹的网络公司，虽然天然具有数字化的形式和某些本质特征表现，但它们的领导者或者 CIO 一类的管理者，如果头脑发热并且简单地认为一个数字化企业就是建立一个庞大的网站，让公司里的每个员工都触网，给每个销售人员都配备笔记本电脑，将研究与开发（R&D）及设备生产都转变为 CAD/CAM，让员工在自己家中或随意地点办公，通过网站销售商品或提供服务，那么这种思维方法是天方夜谭式的，企业会落伍于时代或其快速发展仅仅是昙花一现。

美国学者亚德里安·斯莱沃斯基等人认为，数字化企业是通过使用数字技术使企业的战略选择发生变化，并使选择范围大大拓宽的企业。数字化企业具有自己的战略特点。它们建立了一种企业模式，能够以新的方式创造和捕捉稍纵即逝的利润，建立新的、强大的客户和员工理念。最重要的是，数字化企业应当具有独特性，其独特性的一个含义是它必须处在一种熊彼特式的动态创新过程中，创新消失之日就有可能是失败之日。如纯网络公司亚马逊、电子商务公司易趣网，甚至包括虚实结合的德尔太阳能有限公司，其核心业务在数字化时代是极容易被模仿的。大多数企业跟得上的战略会使这些大名鼎鼎的公司的独特战略及企业理念趋于大众化，从而丧失厂商和消费者的注意力和吸引力。因此，企业应该不断打破规则，成为规则的制定者，循环往复，以至无穷。

美国学者对数字化企业的定义是一种典型的西方式阐释。数字化企业是时代的产物，和传统企业的区别不仅仅在于新经济学派的某些学者所说的企业用不用计算机和网络处理业务，还在于既要看企业的生产力平台，更要看企业的生产关系，因为生产关系是一种新生产方式的核心。利用数字化技术改变传统的生产关系，目标是使个人得到自由而全面的发展，使企业全心全意地为公众服务。数字化企业生产制造的技术应该是柔性灵活的软硬技术的综合。在生产关系方面，组织管理形式应从不平等的等级制变为人人平等协作的扁平化组织；在对外提供服务上，应从生产者主权转向消费者主权，从大规模批量生产转向大规模 1:1 定制生产与服务。数字化企业通过互联网与顾客 1:1 的对话，将生产的社会化和人性的解放联系在一起。

第二节 传统企业数字化发展的趋势

一、宏观趋势

美国网络未来研究院主席查克·马丁认为，未来世界是由快捷、廉价的通信联系起来的世界。速度是其中的关键，处处通网络，几乎每个人、每个企业会深受影响。这种因技术变革而实现的联结将会重新定义我们的工作方式、生活方式和市场交易规则，将产生七种因数字化技术而带来的发展趋势及三种由此而引发的生产关系变革。它们构成了网络化的未来生产方式。七种发展趋势表现如下所述。

第一，网络经济成为主流经济。这有两层含义：一方面，在任何经济形式中，肯定有一种与现时生产力相适应的主流经济，另外一些或是由于传统的风俗、习惯或别的特殊原因而保留下来；另一方面，新的经济形势培养了新一代的消费者，他们要求更加快捷地送货、更加简便地交易并了解相关信息。这就要求企业适应这一趋势变革，传统企业可利用网络展开竞争，网络企业也可采用传统方法。

第二，数字化和网络时代不存在一锤定音的终身免受再教育的机会。人的年龄增长和知识增长不成比例，"活到老，学到老"是一种生活方式，不是某些人的偏好，而是一个人生存竞争所必需的战略。新的网络运行方式将产生新一代独立的、自主的学习者，其成功靠的是自我激励和信息共享。

第三，开放式公司的出现。企业与外部世界，包括供应商与顾客之间的界线将会消除，权力从产品、信息与服务的提供者那里转移到接受者手中。

第四，产品成为商品，新的交互运作机制将极大地改变产品价值的确定方法。更重要的是，由于价值的确立每时每刻都在变化，价格的确定也必将转向实时而灵活的方式。

第五，网络化的劳动力大行其道。企业建立内部网，包括大学和研究机构的内部网使内部职工了解到更多的信息，创造虚拟的工作社团，这样，不论对企业还是对个人来说，原来的工作地点概念将被彻底改变。

第六，顾客成为数据。实时数据挖掘技术是一种能使公司分析并预测顾客行为的新技术，要求公司调整现有的组织结构以确立新的网络化的顾客中心机制。

第七，经验社团的出现。人们利用即时全球通信系统可以实时搜集各种知识。集体经验在信息收集和制定决策中起着更大的作用。

七种网络趋势产生于顾客、员工、分销商、供应商和商业伙伴之间错综复杂的关系链。在企业数字化和网络化过程中，这些关系将被大大简化。经济全球化和世贸组织规则的标准化是生产关系发展的要求，也是人类生产关系适应生产力发展的表现形式。最充分、最及时地顺应这些趋势并利用这些关系的企业将是网络未来的成功者。三种生产关系变革表现如下所述。

内部网：职工关系。内部网是企业调整内部生产关系的网络。它不是任何人利用一个网页浏览器和一个搜索引擎就能访问的。通常，内部网作为组织管理扁平化的技术平台，除了削减信息传递成本外，还用于高层管理人员与每一位职工直接沟通。职工上内部网是免费的，每一个人有一个密码，他们上网访问和公司内部通信都在"防火墙"后面进行，这种技术把外部人员排斥在外。在未来网络中，公司可利用内部网加强与职工的关系，授权职工进行管理、学习和发展，方便工作程序等。目标是要消除等级观念，达到人人代表公司的管理境界。或许更具战略意义的是，持续的在线交流使公司的目标与顾客需求保持一致，因为员工比许多高层管理人员更多地接近顾客。

外部网：供应商—分销商—合作伙伴关系。外部网是企业与外部战略伙伴联系的专用网络。通过外部网，企业可以与供给链上的合作伙伴建立虚拟组织或网络化战略联盟。如供应商可获准成为公司会员，一点鼠标就能找到公司所需的供给。承运商和经纪人也可获准进入公司数据库以便为公司提供更好的实时服务。公司还可以协调各合作伙伴的数据，建立一个共同的数据仓库，使它们在事实上成为企业的有机组成部分，形成一个网络化的战略联盟。

互联网：顾客关系。互联网是生产关系国际化和经济全球化的物理平台。对于大多数顾客来说，他们看到某一公司在互联网上的网站决定了他们对这个公司的看法。公司应尽早在互联网上拥有自己的一席之地。但有的公司只分配了有限的市场营销资本用于维持网站的最低运作，有的公司则与顾客建立了新型关系并为适应网络经济做了调整。在网络中，仅用互联网做广告宣传的企业是不会成功的。互联网为公司与传统顾客的互动交流和与新顾客的持续对话提供了前所未有的机会。公司有机会把这种互动交流变成一种真正的公司——顾客关系。

认清网络经济的发展趋势后，数字化企业的建设应该把三种物理网络变成关系网络并加以利用，这是一种全新的思维方式。在未来网络中，传统企业和纯网络企业将相互拥抱对方，从而使这两个世界融为一体。新的融合将是数字环境、物理环境和生产关系的统一。在这样的网络时代里，所有的人和物之间的内在互联性将改变整个外部世界对公司的观念。端到端的完全连通性，使消费者可以真正实时地向企业传达对产品和服务的需求和对未来的偏好。在未来网络中，消费驱动着概念，外因决定着内因。

二、企业数字化网络化转变的微观趋势

从企业的观点看，企业的数字化、网络化转变有七个基本的趋势。

（一）企业资源计划（ERP）

在过去的 30 年中，公司利用 IT 的主要目的是提升内部过程管理效率。调查显示，60%—92% 的 IT 投资于供给链过程，如购买、生产和分配，或者在支持过程方面，如金融、人力资源以及管理过程方面。CAD/CAM 的应用就是一例。对于许多公司的竞争来说，经营水平和能力是决定性的，选择 ERP 软件系统是至关重要的。进入 20 世纪 90 年代后，中国的企业经营环境发生了巨大的变化，原有的计划体制被打破，企业进入动态竞争的市场环境中，竞争的优势不单体现在单个企业本身。企业管理应用软件正从企业的内部核心应用（内部供应链）向供需两端延伸和扩展，新一代 ERP 系统必须适应并支持这样的环境。实践证明，应用 ERP 软件系统，可缩短各个环节的时间消耗，及时跟踪市场动态，提高企业的管理效率和竞争力。

ERP 软件包像其他软件一样，代表了公司的某种战略，它们决定了企业的实际运行以及能够被支配的战略空间。许多公司在认识这一点之前还有很长的路要走。在未来，ERP 系统所起的作用类似于现在的操作系统、数据库管理系统、互联网浏览器和办公套件。

在过去，这样的创新是个人计算机和互联网。至于 ERP，基于短信息的调制软件包将取代数据整合的单独软件包。在顾客关系管理（CRM）领域，将会有功能强大的软件包在 ERP 系统外产生，能取代 ERP 的部分功能。在企业数字化时代，基于整合运行交易系统的无缝连接成为基础，它们将继续配置很大比例的资源。企业间网络化的前提是组织间的整合，既要有相对独立性，又要有效率。企业必须利用一切机会来调整组织之间的战略、过程和交易系统，企业的网络化和其他创新方案应该建立在一个生产型的、整合的 ERP 系统上。许多企业能够迅速替换旧的交易系统，目的是达到软件之间的兼容，但许多情况下没有包括过程设计，竞争的压力将逼迫企业将过程设计与顾客需要和提高效率联系起来。全球化、供给链管理和需求的重建都需要过程的标准化，这是协作的前提。每一个增加的软件平台都会产生额外的复杂性，内部的软件和外连的软件一样也需要标准化。

（二）知识管理

知识对于公司价值的决定性作用越来越大。一个公司的价值，尤其是在证券交易所中已不再基于其实体和金融资产，而在于其未来的获利能力。这种能力依赖于有关技术、产品、服务、过程、顾客和其他市场参与者的知识。在网络经济中，每一个企业将专业化于某些过程和有限的产品上，但从全球化角度看，它们应该有世界水准。知识管理并不完全是新的，组织发展、组织学习、人工智能和其他方法都指向同一个方向。知识管理系统对于多媒体文件的结构、过程、编辑和存储进行处理。然而，多媒体和网络并不能使已存的知识直接被使用，必须经过多种形式的数据挖掘才能利用。

（三）创新应用

如今，创新应用，如数码相机、机器工具控制系统、游戏机或汽车引擎管理等的使用已被认为是理所当然。进入数字化时代后，这些创新产品的一个显著特征是与网络兼容。汽车 GPS 系统、移动电话电视机机顶盒、道路定价系统、机器上与网络相连的电脑等都是网络应用的例子。创新产品在许多领域改变着企业的发展战略。企业家必须关注下列问题：一是哪一种信息和电子服务对消费者、员工或机器产生了增值？二是在哪一个终端上新奇的发明能够提供信息？三是通过哪一种更好的或更经济的方式可促使市场参与者向我们提供产品或服务？

（四）企业网络

数字化时代的企业是一个网络过程。在过去的 10 到 20 年中，企业过程的重新设计促成了企业内的整合，数据库系统使这种整合成为可能。在下一个

10到20年中，企业网络将连接上述过程和大多数企业，直接通过互联网为消费者服务。

1.企业网络的类型

（1）电子商务

企业网络最被人称道的是网络商店。卖方的电子商务，如制造商、银行和许多其他人利用互联网作为满足消费的新渠道。这种业务一般是对传统形式的替代。

（2）MRO（Maintenance Repair Operations）购买

这是一种买方电子商务。MRO购买从顾客需求过程开始，进行商品分类，联系各个供给商，利用电子商务进行后勤、支付和产品分类管理。

（3）供给链管理

供给链管理的目标是优化供给链网络中各要素的购买、生产、存货管理、运输等事项。供给链中的大多数成员既是生产者，又是系统整合者和顾客。

（4）共享服务

大企业集团将众多合作伙伴的过程管理集成起来，形成服务共享。这种类型的组织依靠电子商务进行数据协调、信息传递、收费服务。当然，共享服务也可以从其他独立的公司购买。

2.企业网络的选择

在许多情况下，企业面临的并非对企业进行数字化和网络化改造，而是顾客是否接受网上购物。它有以下一系列的选择。

（1）产品和服务

哪一种新产品和服务能够在网上销售？哪一种内部服务公司能够提供供给市场？公司能够不费力地通过电子商务形式提供内部服务吗？

（2）新顾客

企业网络不仅创造了到达原有顾客的新通道，还有了到达新用户的渠道，即通过网络扩展了客户服务区域。

（3）供给链

公司包含在哪一个供给链中？市场能够接受哪种网络？公司期望在这个网络中占据哪一个位置？公司是自己组建供给链，还是作为一个供给者和顾客？

（4）购买

公司是否在网上购物？是否在全球供给商范围内购买？哪一个过程需要重新加以设计？

（5）资源外包

当两个公司之间的交流没有内部部门与另一个公司之间的交流多时，公司可以将这部分业务外包，关注有优势的战略过程，提高获利能力。

（6）决定性的多数

企业网络需要一个决定性的多数，否则可能导致经营失败。顾客从网上书店买书时，肯定选择品种最全的那一家，同样，书商将优先供给拥有最大客户群的网上书店。投资建设一家网上书店成本很高，而边际成本却极其微小，如果将资本投向拥有尽可能多交易量的书店，获利的可能性就会高很多。许多网络方案有发展潜力，但是如果离达到决定性多数的路程遥远，那么也不可能马上实行。如 DVD 进入日常生活只是在技术成熟且众多参与者认为技术取得成功时才实现的。

（7）网络化

对于数字化时代的企业来说，网络化是一项核心竞争力。除了注重组织内部过程管理外，一个企业必须具备通过网络提供新服务的能力，以及用小成本整合顾客和供给商的能力。企业网络化对企业的影响远比 ERP 大，其潜力大到可称得上是一场新的产业革命。

（五）电子服务

企业的数字化、网络化建设产生了电子服务部门，它负责网络接入、分类、支付等。主要由五个层次组成：基础服务层提供技术基础结构。整合服务层支持企业之间过程的协调，保证安全传递信息，选择并识别市场参与者、产品等，帮助重建包含众多参与者失败的网上交易和从不同数据仓库链接目标；从另一个角度看，整合服务所提供的服务类似于一个公司内部数据库管理系统的服务。企业网络服务层提供上网企业所需的 E-mail、支付社区、跟踪等服务。信息服务层提供的内容包括新闻或研究报告、证券交易价格、合作伙伴的信贷状况等。企业支持服务层包括企业资源外包和大量电子形式的购买过程等。

（六）顾客过程支持

顾客过程支持利用了上面提到的所有发展来服务于顾客要求解决的问题。许多企业信奉以顾客为中心的原则，然而经常限于市场上的产品或服务。公司战略实际上仍然以产品为中心，许多公司的网站也证明了这一点。数字化时代的企业应该关注顾客过程、网络、多媒体和 IT 技术，使企业关注顾客而不是产品成为可能。一些领先公司已经做到了这一点，它们向顾客提供每一件产品、每一种服务和他们所需的每一条消息，逐步成为整合服务商和过程服务的专家。顾客服务过程具有下列七个特征。

1. 顾客过程管理专业化

服务整合提供商对于顾客过程的经验要丰富得多，因为那是它们的战略核心过程。

2. 顾客生命周期资源

顾客中心建立在顾客有关数据信息的基础上，围绕这一过程提供服务。

3.虚拟社区

这是服务整合提供商服务的延伸。一方面，向顾客提供了获得相关知识的方式；另一方面，使顾客与顾客、顾客与个人服务供应商之间建立了直接的信息沟通。

4.顾客数据

企业建立顾客数据库，研究他们的消费行为规律和个人偏好，以便有针对性地以 1 ∶ 1 的方式提供服务。

5.服务包

服务整合商向顾客提供一揽子服务项目，如多功能产品分类、产品搜索、订单登记、支付、后勤、产业新闻、信息服务、电子论坛等。

6.全球化

服务整合商利用互联网破除了传统的地理边界，提供全球服务。

7.过程要素的外包

顾客过程中心化后，公司可能会支持少数服务项目外包，甚至业务全部外包。

（七）价值管理

人类社会正从工业时代转型到数字化和网络化时代，它要求企业家站在IT技术提供的生产力平台上看待新问题，应该重新审视过程、产品、员工、金融、顾客、市场等各个要素，用一种全新的思维方式来为市场提供产品或服务，包括用在线方式发送货物、建立顾客数据库、优化核心竞争力、成立网上虚拟组织、组建网络化战略联盟等。网络时代的管理不但要层次分明，而且要面向未来、程序化和标准化、透明化。

第三节　传统企业数字化的要素

一个想进行数字化改造的企业必须具备生产力方面的硬要素和生产关系方面的软要素，缺少任一方面都不能成功。如果不具备硬要素，再好的管理和创意想法都是黄粱美梦；如果拥有最先进的技术，没有有效的管理和协调能力等软要素或软资本，那么再先进的技术也无用武之地。这两种要素各自包含的内容很多，有无限种组合方式。它们是数字化企业成功的前提，同时也可以认为是一种障碍。

数字化企业的硬因素主要包括技术能力、技术平台及其竞争力。硬因素要求企业建立一个兼容性和扩充性俱佳的体系结构。该体系能使企业快速地开发并开创新的电子商务应用，即开展各种增值应用和网络配置。在".com"的世界里没有什么技术会天长地久。一个企业如果没有一个基于标准的技术平台，那么企业数字化就变得很困难了，因为企业要为频繁的业务创新重新设计技术基础设施。有了标准化平台，企业的每一项开发会更容易，成本会更低，只需最少的技术复制，并且允许扩展性能，即用简单性、灵活性和标准化来对付复杂性。

企业的数字化技术及应用平台如表3-1所示。这组技术是按照协调（该技术自动连接的成员企业数量）、过程界面（人或机器）和交易支持的复杂性标准区分的。

表 3-1 网络技术

协调技术	连接	过程界面	交易支持
电话、聊天室	1:1	M:M★★	简单，复杂
传真、邮寄、电子邮箱、新闻组、互联网出版	1:n★	M:M	简单，复杂
企业资源计划网站或电话	1:n	M:C★★	简单
电子数据交换	1:n	C:C	简单
远程登录	1:n	M:C 复杂	

注：n★≥1，M★★代表人，C★★代表计算。

电话、聊天室：买卖双方在分类基础上通过这种方式获得信息或谈判相关商品的数量、价格、折扣和发送日期。

传真、邮寄、电子邮箱、新闻组、互联网出版：供给商通过这种方式发送分类信息或通知客户最新的进展。

企业资源计划网站或电话：客户通过互联网访问企业 ERP 网站，获得信息并从事商业活动。

电子数据变换：客户信息系统创造并且自动向供给商信息系统发送标准订单。这是互联网应用前电子商务的一种重要形式。

远程登录：供给商拨号进入客户的 ERP 系统，从事各种商务活动。

数字化企业对于管理等方面的软因素有更高及更特殊的要求，从首席执行官到普通的管理者都要熟悉网络，能够用网络术语进行思维和行动，熟练运用网络工具，并带动每一位员工可以从事网络经济方面的工作，在企业内部形成一种网络文化。瞬息万变的商业环境和日新月异的技术进步迫使企业管理者走出办公室，下放权力，利用团队力量解决各种挑战。他们和传统经济中的管理者有很大区别。

成功的数字化企业一定是软因素和硬因素有效率地结合，并因此具有竞争优势。阿米尔（Amir）、哈特曼（Hartman）等人认为，考虑竞争优势的有用方法是考虑五个方面。

一是复杂性。数字化时代是一个高科技群呈爆炸性放射的时代，技术变化快，环境的不确定性也随之增加。竞争的对手从一个地区、一个国家，发展到全球，传统竞争的固定边界演变为网络经济的模糊边界。在网络经济中，速度和创新是成效的决定性因素。第一名与其他人的距离越来越大。一个最典型的例子是网络世界中产品价格与完全竞争的确定。在新古典主义经济学家看来，消费者的福利在完全竞争的市场上是最大的，而且对于厂商来说也是一个最优的市场价格，即 P=MC=MR，P 表示利润，MC 表示边际成本，MR 表示边际收益。而在垄断的情况下，消费者福利会受到一定的损失。因此，他们推崇一个帕累托最优的市场竞争模式。但自经济学诞生 200 多年来，这种理论模式只是停留在教科书上的空想。而网络经济的到来，好像一夜之间便使市场在世界范围内融为一体，变得透明化和近乎完全竞争了，价格的波动达到了一种理想水平。价格的简单化决定正好意味着其易变性，以价格取胜已经没有传统经济那样容易了，而在充分了解厂商和消费者偏好的前提下，快速满足客户需求并占领市场份额成为战略举措。

二是并发性。在网络经济中，各种事情会同时发生。开始、中间和最后这样的判断没有任何重要意义。我们也不可能根据已经得到的东西来推断未来会得到什么。不连续性主宰着网络世界，各种过程也呈现非线性特征。

三是一致性。一致性表明一个企业在变化的环境中的相对完整性。科斯定理表明，交易费用决定了企业的边界。各种边界可以限制一个企业的活动范围和方向，使其失去成长拓展的能力。一个数字化企业的结构可能是富有流动性的，它的结构和顾客随着市场波动而变化。虽然从理论上讲，互联网使企业交易费用降到极其微小的价位，其面对的市场也应该是全球性的。但是它还是存在着许多边界，有内部的也有外部的。外部边界包括法定的和行业的或自定的规章制度，如英荷壳牌石油公司制定的内部反腐败规定。内部边界则由领导者围绕企业的利益相关者，如所有者、股东、合作伙伴和顾客等实行的有特色的管理。企业通过网络管理来保持一致性，便不至于因企业网络空间的无限扩大造成混乱的状态。

四是连接性。知识管理是数字化企业的首要任务，连接性是知识管理的前提。人类的看法和思想中的陈规陋俗常常落后于新技术的引进，这就限制了人与人之间通过知识共享将未知与创新相连接的能力。对于许多企业员工来说，他们在面对技术创新、管理创新和制度创新时，往往会感到茫然。如果他们没有从其他人那里见到他们可以获得的同样价值，很多人都不愿意放弃他们所知道的东西，甚至会抵制新事物。如 18—19 世纪的工人运动不是将斗争的矛头指向资产阶级，而是破坏他们自认为是矛盾根源的机器大工业。这就需要先进的领导或领袖人物进行理论灌输，达到共享知识的目的。西方学者对人类进行的几个世纪的研究发现，人们同热衷于积累财富和权力一样，热衷于积累信息，几乎没有多少人愿意和别人共享信息或者将信息送给别人。在大多数企业中，如果没有认识到人类总是不愿意把自己已经知道的什么是对的知识进行共享，甚至连错误的知识也不愿意共享，那么，知识管理的创新就会非常缓慢。一些成功的数字化企业，如思科、美国在线，都已发现知识和财富与权力不同，可以被出卖、被赠送，也可以被保留，信息是不灭的。连接性意义重大、连接性好的企业，在与网络战略联盟、虚拟组织、平等伙伴等共享知识时会产生一种规模经济效益和正外部溢出效应。

五是协调性。跨越企业的网络战略联盟、虚拟组织或合伙人、利益相关者之间的关系的协调，是数字化技术推动生产力发展和企业创新的重要方式。为了创造强大的双赢战略，合作双方或多方之间要将联合体的竞争力提高一个档次，协调是重要的。合伙各方既要有明确的目标和中、长、短期战略任务，又要有明确的责任与义务规定，建立一个跨企业的协作组织。

第四节　传统企业与数字化企业的战略区别

传统经济主要建立在物质有形资本的制造工业基础上，属于资本密集型经济，强调生产者主权，其对无形商品，如服务的理解也建立在这种理念之上。而新型的网络经济主要建立在无形资本的生产上，属于知识密集型经济，强调消费者主权，以全心全意满足厂商和消费者的需求为目标。相应地，处于传统经济中的企业与网络经济中数字化企业在市场、生产、购买、销售和过程等生存与发展战略上存在巨大的差别，本节将它们区分为与生产力平台相关的战略区别、与生产关系相关的战略区别和融合战略三部分。

一、与生产力平台相关的战略区别

19世纪奥地利经济学家庞巴维克认为，社会发展是由技术进步推动的，它表现为社会生产过程的"迂回生产"，即由原始社会拿起来就能吃，就能用的生产方式转变为一种生产过程日趋复杂、日益增加的生产方式。生产过程，包括服务中介等的迂回、复杂化是生产力发达的标志。数字化技术和互联网所引发的新科技浪潮，给人类社会带来了许多新变化：供给链日益延长，单一生产过程日益压缩，服务中介的细分，服务的个性化，产品与服务的融合，服务内容中无形商品的增加，内容与形式的分离等。

数字化本身并不能创造什么价值，就像声音本身没有价值一样，只有当技术与传统的或其他的功能结合在一起时才能创造价值。如戴尔公司的大规模定制就建立在数字技术基础上。在传统技术平台上，戴尔公司只能采取大规模标准化生产。互联网出现后，戴尔公司为了满足个性化需要，比以前多了一个定制过程，迂回程度增加了。一旦客户的信息数字化后，它就能够被储存在数据库中，然后通过互联网传送到工厂的自动生产线上。现在兴起的网上远程教育、网上诊断、网上演习等便是将传统的功能与新兴形式相分离的产物。功能与形式的分离就意味着能够以多种渠道来传送功能，这将大大减少交易费用。数字化的复制是迂回生产的另一个经典形式，不论什么多媒体信息都不是直接复制的，而是必须先转化为数字化 0 和 1 编码，然后利用数字化设备复制，这种复制的实际成本几乎为零，而且在质量上与原件没有任何区别。而传统经济和模拟技术不会出现这种现象，复制成本几乎与原件一样昂贵。在模拟世界中，每复制一次，复制的质量就下降一些。

数字化技术最大的影响是系统性地降低了交易费用，它不断地从虚拟价值链中节约交易费用。几年前因过于昂贵而不可能得到的信息，现在仅需微小的交易成本便可以得到。低交易费用为大规模的网络经济创造了条件，这种趋势加快了交易成本最高的市场开拓、广告和客户支持等过程。越是面向商品的服务或支持，就越容易被挤出价值链。数字技术消除了在传统经济中被认为不可改变的时间、地理位置的影响。地理位置在某种意义上已经变得无足轻重。但直到目前，地理位置在传统经济中仍起到关键性的作用。在网络经济中，顾客是全球范围内的。这是一把双刃剑，任何一家厂商在面对全球范围内顾客的同时，也必须面对全球范围内的竞争对手。你可以很容易地接触到竞争对手的客户，反过来也一样。

二、与生产关系相关的战略区别

数字化技术和互联网已经冲击和改变了人们的生产方式和生活方式，对一个传统企业来说，所有权是最重的权力，它百般努力试图拥有垂直供应链。许多大汽车公司甚至拥有铁矿，其目标是想控制汽车工业的每一个环节，在传统的以资本为主的体制下，这种做法是资本积聚和集中的结果，有一定的合理性。

但在传统重工业的利润下降以后，所有权变成了一个包袱。人们开始认识到，为了鸡蛋，你并不需要拥有一只会下蛋的母鸡，拥有一切只会分散注意力，不能很好地在多点之中抓住重点。而将注意力放在核心竞争力与客户上，将其他业务外包，是网络经济时代企业战备决策的关键。在放弃一部分外包业务后，企业仍然需要与合作伙伴协作，以控制该业务的流程，而最好的方式便是结成网络战略联盟。同时，企业在一个产业的影响越大，就越容易对它的合作伙伴施加影响。现在，市场上充斥着各种合作关系，而且其消失的速度如同其产生的速度一样快。企业的战略是，当机会出现时，确定核心竞争力，然后寻找最佳合作伙伴进行合作。接着，等待下一个机会。当市场变化时，合作关系也要随之变化。核心竞争力并不排斥规模，尽管物理规模在网络时代已不是一个决定性的因素了，但网络经济还是能够利用原来的物理机构。

数字化技术也改变了传统的金字塔式管理机构。在金字塔顶端并没有多大的舞台，因此，决策层与基层的层级关系越简单、越少，就越能适应数字经济的运营方式。数字经济建立的技术平台允许并要求将决策权下放到那些直接与客户打交道的人手里或者直接交给客户（如戴尔公司的做法）。网络就是这一策略实现的基础，同时它也是管理层获得力量的保证。网络化组织的活力在于其网络上各个节点的交流。戴尔公司创造的大规模定制体现的是网络组织革命化的经典原则，就像传统工业经济的原则是大规模制造一样。大规模制造体现的是"一对多"的关系，而大规模定制利用的是互联网开创的"一对一"的关系。这种服务水平已经从群体层次跃进到单人层次了。可以预见，交互式的特定服务在网络经济中将不再是个别公司提供的高档奢侈品，而是一种必需品。如果没有数字化，大规模的定制服务是不可能完成的。定制服务的方法是建立一个站点，根据顾客原来的访问记录为其定制一个界面。一个采购经理与一个家庭主妇的需求就完全不一样：采购经理也许需要一个简洁但功能强大的界面，而家庭主妇也许需要感性认识更为强烈的界面。除了界面上的不同外，定制的站点还必须能够保存用户的个人信息。也许在这之上还会提供特殊的产品介绍或打折服务等。近年来，西方国家兴起的数据挖掘技术就是为了充分挖掘顾客现在和未来的可能需求，以便准确地提供个性化服务。既然数字技术已能够保证全面跟踪每一位用户，市场的法则就应该从守着产品找顾客转移到围着顾客找产品。厂商与客户之间将创建一种亲切、不断发展的客户关系模式。这种关系模式一旦与其他因素，如速度、价值链集成、新的信息中介、许可营销等联系在一起，就能在原来的市场与顾客之间创造一种全新的关系。这种关系在数字经济中是公司的最大财富。

大规模定制并非完全没有风险。如果企业的产品没有达到顾客的需求，那么顾客也许永远不会再回来。定制使消费者再也不需要妥协，他们得到的就是其想要的，包括汽车、计算机、服装、书籍、眼镜、药品、唱片等各种商品。对于厂商来说，定制失误是要遭受惩罚的，因为退回来的商品将没有多少价值。网络经济使消费者越来越追求"完美"的产品、服务与信息。市场的决定权从供应商手里转到了消费者手里。

有学者曾预言，在数字经济中，由于供给商与消费者可以在互联网上直接交流信息，信息中介将退出历史舞台。笔者认为，一些中介肯定会消失，但由于网络信息的无限性与人的注意力的有限性，那些能够在复杂的市场中把握住机会的公司仍然能以中介的身份生存下来。如亚马逊公司在表面上省去了书籍发行商与读者之间的中介环节，其实并非如此。首先，它本身就是众多传统图书商与读者之间的中介，它并不出版书籍；其次，亚马逊公司在读者订购图书之后，还必须通过作为中介的图书分销商来完成配送服务。亚马逊公司虽然改变了图书市场的某些环节，降低了交易费用，但是这些并不是通过消除中介而得到的。从广义上讲，不论何种形式的网上营销，最终都需要一个配送渠道，那就是中介。网络经济虽然消除了批发商、零售商以及消费者逛商店所耗费的时间和搜寻成本，但无论何时也消除不掉送货这一个中介。

三、融合战略

互联网给传统经济带来了很大的冲击，使许多领域都必须重新进行排列组合。其中，融合就是一种适应方式，包括软件与硬件、软件与软件、硬件与硬件的融合。

在传统经济中，产品必须在内容（软件）或者硬件载体中选择一个。如果硬件载体没有内容，那么它一般没有什么价值，如没有 CD 唱片，CD 机就毫无用处。在数字经济中，硬件与软件之间的区别被模糊了，也许一家内容供应商能够在硬件载体上取得成功；也许硬件载体供应商能通过内容服务获得更多的收益。因此，企业没有必要抛弃现有优势，可以从两个方面的融合中获得回报。融合的作用远远超出人们的想象。汽车与高速公路的结合推动了人口迁移和郊区卫星城的发展，多媒体技术与手机的结合产生了一个移动的信息社会。现在，融合的趋势在金融、网络和实体产业中扩散蔓延，这无疑将创造出新的价值链。

第四章 数字经济下传统企业的创新管理

第一节 创新管理的特征及趋势

一、创新的概念与特征

（一）创新的概念

创新是指把一种新的生产要素和生产条件的"新结合"引入生产体系。它包括五种情况：引入一种新产品，引入一种新的生产方法，开辟一个新的市场，获得原材料或半成品的一种新的供应来源。

（二）创新的特征

1. 创新的不确定性

任何创新都具有不确定性，创新的程度越高，不确定性越大。创新的实现与扩散过程，也就是创新不确定性逐步消除的过程。创新的不确定性有三种类型。

（1）市场不确定性

创新的市场不确定性，主要是经营者不易把握市场需要的基本特征以及如何将这些特征融入创新过程之中，这有可能是当出现根本性创新时找不到市场方向。另外，市场的不确定性也有可能是在确定了基本需要特征以后不能肯定该需要将以何种方式变化，亦即由市场细分问题造成的。市场不确定性的来源，还可能是不知道如何将潜在的需要融入创新产品的设计中去，以及未来产品如何变化以反映用户的需要。市场的不确定性还包括当一种创新产品推向市场时，是否能向用户提供更大的满足，用户是否接受，如何让用户尽快地接受以及如何使创新向其他领域扩散等。当存在创新竞争者时，市场的不确定性还指创新企业能否在市场竞争中战胜对手，这主要是指那些重大创新。相对来说，源于市场需要或生产需要的小的创新，其市场不确定性要小很多。

（2）技术不确定性

技术不确定性主要是如何用技术语言来表达市场需要的特征；能否设计并制造出可以满足市场需要或设计目标要求的产品与工艺，以及当原型测试后，规模放大时常出现的大量工程、工具设计和产品制造问题。从产品原型到工程化与规模生产，每一步都是一个相当大的跨步。新技术与现行技术系统之间的不一致性也是一个重要的不确定性来源。技术不确定性还包括设计是否优越、技术上能否超过已有产品或工艺、制造成本能否达到商业化的要求，以及进一步改进的潜力如何等。有不少产品构思，按其设计的产品无法制造或制造成本太高，因此这种构思和产品都没有什么商业价值。

（3）战略不确定性

战略不确定性主要是针对重大技术创新和重大投资项目而言。它指一种技术创新出现使已有投资与技能过时的不确定性，即难以判断它对创新竞争基础和性质的影响程度，以及面临新技术潜在的重大变化时企业如何进行组织适应与投资决策。创新的战略不确定性是对企业的巨大考验，也是企业技术战略管理的最关键问题之一。

2. 创新的保护性与破坏性

不同创新对企业的影响程度和性质有所不同。两个极端的情况是破坏性的和保护性的。具有保护性的创新会提高企业的现有能力、技能的价值和可应用性。虽然所有的技术创新都会引起某种变化，但这些变化不一定就是破坏性的。例如，产品技术的创新可能解决了设计中的难题或者消除了设计上的缺陷，从而使现在的分销渠道更具吸引力和更有效；工艺技术的创新可能要求新的信息处理方式，但其能更有效地使用现有的劳动力技能。这类创新保护了企业已有的能力，如果再加以提高和细化，就会加固这些技能，从而使其他的资源和技能更难取得竞争优势。这些创新对企业的保护表现为提高市场进入壁垒，降低产品被替代的威胁，使其他竞争性技术和竞争企业的吸引力减弱。在破坏性的一端，创新的效果完全相反。这类创新不是提高和加强企业现在的能力，而是使企业现在的技能和资产遭到毁坏和破坏。新的产品或工艺技术会使企业现有的资源、技能和知识只能低劣地满足市场需要，或者根本无法满足其要求，从而降低了现有能力的价值，在极端情况下甚至会使其完全过时。"创造性破坏"是经济发展的推进器，对竞争的影响是通过重铸竞争优势的实现基础而实现的。有的"创造性破坏"影响如此深远和广泛，以致它们常常能创造出一个新的产业或者破坏一个现有的产业，如半导体产业的成长及其对电真空管产业的破坏性作用。虽然科学和技术的奇迹常常能创造新产业、摧毁旧产业，但创新对竞争优势的作用绝不仅仅取决于技术上的新颖性或科学上的荣耀。创新产品的技术新颖性及其与科学进展的联系，在有些情况下与创新的竞争作用关系并不大，有些企业依赖现有能力，仅通过使部件标准化、工具更为精确、操作更合理等便取得了竞争优势。

3.创新的受抵制性

创新活动常常受到来自各方面的排斥、压力和抵制。习惯于原有生活方式和思维方式的人们往往不欢迎任何改动和变革。"创新恐惧症"就是对变革的恐慌，它已成为现代组织——企业、学校、政府的一种通病。人们之所以存在着对创新进行抵制的倾向，主要有以下几种原因。

第一，维护受到创新威胁的有价值事物的愿望。人们对于所有的东西都存在自我封闭的心理，期望的东西可能是社会地位、某种惬意的生活方式、某些东西的货币价值以及源源不断的收入，甚至于一项工作。有时，某种职业或行业也会受到创新的威胁。

第二，避免付出高昂的代价来促进创新的愿望。这也许是因为其他地方优先需要这笔资金，或是因为与创新本身相伴而生的内在的不确定性。

第三，使通常的生活方式或工作方式保持不变的愿望。这种愿望可能仅仅是基于对变革的厌恶，但实际上，它通常比这要深刻得多。当研究人员在讨论这种态度时，他们使用如习惯、情趣、时尚以及均衡之类的术语。

第四，一个团体强迫它的所有成员保持一致的内在趋势。无论是哪种原因，这里存在对创新行为的强大的阻力。

通常管理人员对创新采取抵制的态度，会强化这样一种公众信念：无论是个人力量还是集体行动，都无法改变创新负责人员在企业最高管理层的地位。这事实上较之其他情况，常被人引证用以说明在当今的企业中子公司脱离母公司的现象为何如此普遍。

（三）创新的偶然性或机遇性

在我们谈到研究与开发时，我们头脑中通常浮现的景象就是实验室和试管，如果不是这样，那就是一位新产品管理者为寻觅一个绝佳的新产品构想而在市场营销研究数据中克己奉公、一丝不苟地进行分析。这两种印象都是正确的，大多数产品创新的确就是在这两种背景下产生的。幸运的是，一些新产品是通过另外一种方式诞生的，这种方式对今天的管理人员来说是丝毫不能忽视的：偶然，更委婉的说法是机遇。

二、创新管理的内涵与特征

（一）创新管理的定义

创新管理以组织结构和体制上的创新，确保整个组织采用新技术、新设备、新物质、新方法成为可能，通过决策、计划、指挥、组织、激励、控制等管理职能活动和组合，为社会提供新产品和服务。管理的创新是社会组织为达到科技进步的目的，适应外部环境和内部条件的发展演化而实施的管理活动。

（二）创新管理的内涵

1. 创新管理的重点是搭建创新链

通常理解的研发是指由基础研究、技术研究、应用推广等一系列科技活动组成的链状结构，可称其为"研发链"。我们所认识的创新，则是指从创意到形成市场价值的全过程，既包括研发链，也包括"产业链"（产品—小试—中试—产业）和"市场链"（商品供应—流通—销售—服务）。这三条链形成一个有机的系统，可称为"创新链"。在创新链中，环节间联结互动，链条间整合贯通，呈现出研发牵动产业、产业构建市场、市场引导研发的螺旋式推进态势。创新管理将创新链纳入管理范畴，在拓展科技发挥作用空间的同时，也符合了当今时代发展的要求。

2. 创新的竞争形势催生科技管理模式变革

当今世界，决定国家综合实力的关键指标是国家的创新能力。在这种形势下，我国的科技工作必须肩负起三个重担：保持长期发展和持续提高质量效率的双重任务、开拓国际市场和满足国内消费需求的双重使命、提升传统产业和培育新兴产业的双重要求。这就需要研发、产业、市场等方面的全面支撑，科技管理工作也必须从近期与长远、供应与需求、传统与新兴产业等多个层面进行全面部署。

3. 科技管理应覆盖创新链的所有环节

进入 21 世纪，科技创新不断涌现且呈现出群体突破的态势，研发链被大大压缩，研发与创新其他环节的联结更加紧密，在很大程度上出现了市场决定研发的局面。这一状况使得对研发实施独立管理的意义相对弱化，而对创新链强化管理的需求则急剧上升。随着科技基础条件、资金、知识产权、信息等创新资源的社会化程度明显增强，科技项目的工程化、集成化趋势愈加显著，科技人才的流动化、国际化、团队化日渐突出，迫切要求科技管理覆盖整个创新链的所有环节。

（三）创新管理的特征

创新管理的基本特征是指创新管理所追求的主要目标及客观效果，受创新特征的影响。创新管理的特征主要包括以下四项。

1. 全员参与性

创新管理的目标是使组织全体成员，甚至是组织的利益相关者都参与到创新活动中来。建设一个创新导向的组织文化，培养一个人人想创新的组织氛围，形成一个鼓励创新的环境。全员参与并非指组织中全体人员都去进行创新，而是要求组织中的每个人都对创新持开放、积极的态度，并努力在创新过程中发挥自己的作用。

2. 全局协调性

创新管理涉及组织的各个部门、各个层次、各种资源及其组合。创新是一种复杂的、超前的思维活动，需要全方位的协助与配合。如果仅有某一部门适宜创新，创新则难以真正产生。具体的创新可能与组织中某些部门的近期利益并不一致，这就要求具有全局概念，以及在全局角度上的协调。

3. 全程动态性

由于创新的前沿性和环境的多变性，要求对创新的管理根据环境的变化做出动态性的调整。这样才能保证创新的顺利发生和顺利进行。一成不变的管理反而会阻挡创新的发展。

4. 全面实效性

创新管理的目的是使创新得以顺利发生和发展，这就要求创新管理覆盖组织全面的活动，最终营造全组织范围的创新氛围，造就贯穿全组织的创新文化，由此获得能够全面影响组织的并对组织有效的创新成果。实效是检验创新活动的标准，也是检验创新管理的标准。

三、创新管理的新趋势

从近些年来企业管理变革的历程中不难看出，未来企业创新管理具有以下三个发展趋势。

（一）企业间合作方式的转变

企业间的合作由一般合作模式转向虚拟企业、网络组织、供应链协作、国际战略联盟等形式，现代企业不能仅仅只提供各种产品和服务，还必须懂得如何把自身的技术专长与核心能力恰当地同其他各种有利的竞争资源结合起来，弥补自身的不足。

（二）员工的技能和知识成为企业保持竞争优势的重要资源

知识将逐渐成为企业最重要的资源，它被认为是和资金、人力等并列的资源。企业在面对知识经济的挑战时，需要更多地通过加强协作、知识管理、组织学习能力，将现有知识、组织、人员和流程与协作、知识管理紧密结合起来。

（三）从传统的单一绩效考核转向全面的绩效管理

传统的绩效考核是通过对员工工作结果的评估来确定奖惩，是企业在执行经营战略，进行人力资源管理过程中，根据职务要求，对员工的实际贡献进行评价的活动。但过程缺乏控制，不能保证绩效达到改善的目的，甚至在推行绩效考核时会遇到员工的反对等。因而，近年来的绩效管理已经走向了结合公司战略和绩效管理，变静态考核为动态管理。

第二节　数字经济新理念与企业创新管理

一、企业创新管理的内涵

现如今，创新已逐渐成为人类社会经济发展的主要推动力。近年来，创新理论和实践进一步发展，例如用户（供应商）创新、全时创新、全流程创新、全员创新等。在此基础上，为了适应当今社会的经济发展和市场竞争，国外的许多以创新为推动力的企业以及我国企业逐步开展了创新管理实践活动，并取得了显著成果。

（一）不同视角下的企业创新管理

1. 技术创新视角下的企业创新管理

从 20 世纪 60 年代开始，创新管理理论研究主要立足于研究组织如何通过推动企业创新，以实现创新绩效。在复杂的创新战略中，产品的设计研发是创新的重要来源。

技术创新是在技术原理的指导下将潜在的生产力成果转化为现实生产力的过程，其是技术的产业化、商业化以及社会化的过程。

2. 制度创新视角下的企业创新管理

制度创新包含狭义和广义两个概念。企业狭义的制度创新即组织创新，重点研究企业产权制度问题；广义的制度创新则包括狭义的制度创新以及技术创新、市场创新和管理创新四个方面的内容。企业制度创新体系系统地考虑了企业制度的构成要素及内在联系，是在系统创新观念影响下的制度创新内涵。

3. 系统创新视角下的企业创新管理

创新生态系统论认为，企业内部、企业之间、产业之间、区域之间、国家之间是一个整体的生态系统，每个生态系统都是开放的并与外界相联系且自我动态适当调整的。

企业创新是一个开放而又复杂的动态系统，技术创新仅仅是作为企业创新的主要动力源泉之一，其作用的有效发挥离不开组织结构、发展战略、营销手段、人力资源管理等要素的支撑。20 世纪 80 年代，随着环境的变化，以技术创新为核心的传统创新模式的局限性逐渐显现。创新管理系统观的研究建立在对企业动态环境的把握上，体现了系统全面的创新思维，摆脱了以线性与机械为基础的技术创新管理，突出创新管理系统内各个子系统之间的互动对创新绩效的作用。

4. 全面创新视角下的企业创新管理

企业环境的变化将影响创新活动的成效，因此企业必须对创新流程进行管理，才能提高创新绩效。全面创新管理是创新管理的新范式，以培养核心能力、提高核心竞争力为导向，以价值创造（价值增加）为目标，以各种创新要素（如技术、组织、市场、战略、文化、制度等）的有机组合与全面协同创新为手段，通过有效的创新管理机制、方法和工具，力求做到"全要素创新、全时空创新、全员创新和全面协同"。强调全员创新是企业主体在战略、文化、组织和制度上的实践运行。全面创新管理一方面延续了系统观对创新的非线性思考，同时又确立了创新管理的立体思维。从挖掘企业持续竞争优势的源泉出发，不仅强调了全员创新的主体作用，更强调了创新要素的时空组合，是新时代背景下创新管理研究发展的主导方向。

5. 开放创新视角下的企业创新管理

企业不应局限在内部封闭系统之内，而应把外部创意和外部市场化渠道同内部系统相结合，进行内部和外部的资源均衡协调，寻找与利益相关者共赢甚至是多赢的商业创新模式。

开放式创新摆脱了以往局限企业内部系统的格局，突出了更全面、更系统、更开放的创新生态观，极大地发挥企业资源的终极效率。因此，开放创新与全面创新的融合将会是知识经济时代背景下，企业面临着极限竞争与客户需求多样化环境下的必然选择。

（二）企业创新管理的特征及原则

1. 企业创新管理的定义

创新管理是当今管理科学新兴的综合性交叉学科，对中国企业国际竞争力和经济持续增长具有深远影响。但研究过多考虑技术因素，忽略战略、资源、文化等非技术因素研究，只有从全面创新、战略系统、复杂动态的高度，才能提升企业创新管理研究的广度与深度，以推动理论研究的发展与实证指导的深入。因此，企业创新管理的定义为：企业以培养核心竞争力为中心，以增加价值为目标，以战略为导向，以创新技术为核心，以各种创新（体制创新、战略创新、管理创新、市场创新、文化创新、组织创新等）的有机融合为手段，通过各种有效的创新管理机制、方法和工具，力求做到全员创新、全球化创新、全流程创新、全时空创新和全价值链的创新。

2. 企业创新管理的特征

企业创新管理在实施过程中表现出以下四个特征。

第一，企业创新管理具有战略性，其表现在既能够提高企业目前的经营绩效，又能够培养和积累核心能力以保持持续竞争优势。

第二，企业创新管理具有整体性。全面创新管理是需要通过各部门、各因素共同协调配合才能完成的一项系统工程。

第三，企业创新管理具有广泛性。创新活动必须深入组织的每一个事件、每一个部门、每一个流程、每一位员工。

第四，企业创新管理具有很大的复杂性。企业创新包括技术创新、产品创新、文化创新、管理创新等多项创新，这些创新既密切联系，又相互影响、相互作用，构成了一个具有一定功能效应的多层次的关系复杂的企业创新系统，这个企业创新系统具有很大的复杂性。需综合协调企业创新系统中各子系统之间的关系，方能使之发挥综合的协调作用，达到促进企业发展的目的。

另外，企业创新系统还会受到外界各种因素的干扰和影响，因此必须提高抗干扰能力。要提高企业创新系统的整体功能，增强抗干扰能力，就必须研究系统的运行规律，加强对企业创新系统的管理。

3. 企业创新管理的原则

（1）全要素创新

企业需要系统和全面地考虑组织、文化、制度、战略、技术等，使各要素达到全面协调，以取得最优的创新成果。

（2）全员创新

企业创新不再局限于技术人员和研发人员，而应该是全体员工共同参与。从研发人员、生产制造人员、销售人员到财务人员、管理人员、售后服务人员等，每个岗位上都能够产生出色的创新者。

（3）全时空创新

全时空创新分为全时创新和全空间创新。全时创新是指让创新成为企业发展的永恒主题，使创新成为各个部门和每个员工的必需品，使创新是每时每刻的创新而不是偶然发生的事件。全空间创新是指在网络化和全球经济一体化的背景下，企业应该在全球范围内有效整合创新资源，以此来实现创新的全球化，即处处创新。

二、企业创新管理的影响因素

（一）企业文化

企业创新是企业在竞争中不断寻求新的平衡点与发展永恒动力的自我否定与自我超越的过程，企业文化创新跟进是创新成效不可或缺的连续行为，因为企业的任何一项创新首先是观念创新、文化更新与再造，所以只有企业具备了创新型文化、学习型文化、开放型文化、兼容性文化，企业创新才能更具活力和生命力。充满创新精神的企业文化通常具有以下特征：①兼容性，能接受模棱两可和容忍不切实际；②学习性；③开放性，即不为原有的成功所约束，不形成创新"惰性"；④承受风险，即一是鼓励大胆实验，二是有危机意识；⑤注重结果甚于手段；⑥强调开放系统，即适应环境变化，并及时作出反应。

创新管理文化不仅是中小企业创新管理的核心因素，也是开展创新管理工作的重要驱动力。中小企业管理人员应结合企业自身发展的实际情况与方向，建立一种符合企业发展的全员创新的思想价值观念，并正确引导企业基层职工认真学习和理解这种价值理念，树立正确的思想价值观念，进而培养全体员工树立积极向上的工作态度。

（二）企业组织结构

首先，优良的组织结构对企业创新有正面的影响。因为一个优良的组织结构可以提高组织的灵活性、应变能力和跨职能的工作能力，从而使创新更易于被采纳。其次，拥有富足的资源能为企业创新提供另一重要的基础，使得企业有能力承受创新的成本。再次，有利于创新的信息流能在各部门之间顺畅流动，有利于克服阻止创新的障碍。最后，作为企业创新管理的重心，构建学习型组织不仅有助于企业学习能力的培养，也对企业长期发展能力的形成有着积极影响。同时还要针对中小企业各部门之间的工作协调和信息交流，建立完善的沟通机制，并采用丰富多样的能力手段来全面激发员工参与创新工作的积极性，构建良好的创新环境，进而不断加强中小企业的知识管理，为构建学习型组织奠定良好根基。

（三）企业战略机制

在影响中小企业创新管理的关键因素中，战略机制因素在其中有着统领全局的积极作用。创新管理作为一项漫长的工作，如果中小企业领导没有给予足够的鼓励与支持，那么创新管理不仅难以获得理想的效果，也失去了实际意义，因此，中小企业管理层领导应坚持长期开展企业创新管理工作，并在战略方面给予充分的重视与支持，同时还应结合实际管理需要建立与之相适应的激励和决策机制，并且还要在信息与资金等方面给予足够的支持，从而使中小企业的创新管理工作能够顺利开展，相应措施也能够得到科学、全面地贯彻落实。

（四）人力资源

人力资源是创新的决定性因素。因为创新来源于企业员工的创新思想，来源于员工的创造力，来源于职工的整体素质。而影响职工创新的主要因素有：基于员工创造力的组织；对企业员工的培训，以保持员工的知识得到及时更新；

企业员工的不断学习，互相迅速交流信息。创新系统必须要有才可用和有才能用。为此，创新管理的方向之一就是一方面要加强创新人才的培养，另一方面也要激活用人机制，其关键一点就是要促进人才流动。

作为中小企业开展创新管理工作的重要保障，该因素能够为促进企业全体工作人员参与到企业创新管理中提供有力保障，积极参考员工提出的创新管理意见和建议，进而真正做到以人为本，并充分发挥全体员工的集体智慧。同时，中小企业管理人员在实行以人为本的管理理念时，不仅要紧紧围绕企业共同目标和发展前景，还要积极引导基层工作人员主动参与到企业创新管理活动中，并结合企业实际管理和发展现状，不断更新和完善工作激励机制，进而促进企业全体员工都能够树立正确的工作态度与价值理念，不断提升企业员工对自身从事工作的认同感，增强其工作热情和自身对工作的成就感和使命感，并积极参与企业组织的相关学习、培训活动，不断提升自身的专业素养，从整体上提高中小企业的创新管理意识。

三、数字经济促进企业创新管理发展

随着"互联网+"的不断扩展，我国各行各业的发展模式都发生了巨大的变化，与此同时，企业的管理模式也正处于积极、快速的演变之中。云技术的不断应用，是"互联网+"时代的一大重要特征。在云技术环境下，企业的管理模式不断由简单化走向云系统化，不断形成"云终端"式的企业管理模式。

（一）数字经济给企业创新管理带来的变化

1.数字经济破解企业创新链瓶颈

中国的制造业规模已连续多年位居世界第一，也是全球最大的工业产品出口国，但是中国制造的附加值偏低，一定程度上存在着被全球价值链"低端锁定"的风险，关键瓶颈在于创新能力不高，突出表现为消费者与研发者信息分割、产业链与创新链对接不够等问题，传统制造业企业的研发流程是集中人才、财力开发一个新产品，然后在市场上进行推广，失败风险较高，并且由于创新资源分散，在研发过程中难以整合业内研发资源，从而制约了创新效率。

数字经济正在颠覆传统制造业的研发模式，借助数字化的开放式创新平台，消费者可以深度参与一个产品的研发设计中，消费与研发之间的障碍被打破，数字经济使得大量的消费需求信息低成本并及时地呈现给企业研发设计部门，推动中国制造企业围绕庞大的消费群体开发新产品。企业可以尽快推出"最简单可行产品"，通过在线消费者的体验评价、优化建议等逐步完善产品的细节，这种快速迭代研发模式是基于消费者的产品研发，把客户的需求信息和变化及时反馈到研发端，大大降低了产品的市场风险。同时，企业通过搭建数字化、网络化协同研发平台，可以打破行业、企业、地域等限制，集聚业内研发资源为同一个创新项目出谋划策。设计工具云端化为不同人员参与设计提供了一致标准和平台，可以有效推动产业链与创新链的紧密联系。

2. 数字经济提升企业制造链的质量

近年来，中国制造的产品质量得到了显著的提升，但在可靠性、连续性、稳定性等方面均存在一定的差距，制造链质量是中国制造转型升级中必须重视的一个核心问题。

数字经济为中国制造链的质量提升提供了新支持，数字化生产、智能化制造可以有效提高生产过程和产品质量的稳定性。数字化工厂是基于数字平台的虚拟工厂和物理工厂无缝对接的工厂形态，虚拟工厂执行与物理工厂相同的制造过程，这种"数字双胞胎"技术能够及时发现制造过程中出现的问题，并对可能出现的问题进行预判，确保生产线正确运行和生产质量稳定。数字化工厂在解决标准化的同时，数字平台还可以通过对制造过程产生的大量数据的分析和挖掘，对生产制造流程进行优化提升，设备可以通过自分析、自决策，矫正上一道工序中出现的问题，提高制造链运行效率和产品质量，改变了传统的工业知识沉淀模式。

3. 数字经济拓展创新服务链空间

向"微笑曲线"两端高附加值环节延伸，尤其是向系统集成、综合服务等环节延伸，拓展中国制造的服务链空间，提高中国制造服务增值能力，培育一批综合解决方案提供商，是中国制造转型升级的关键路径。但是，中国制造中代工、组装等占比较大，在服务化领域的要素积累和人才储备严重不足，向服务化转型面临较大障碍。

数字经济无疑为制造业服务化提供了技术和平台支撑，通过互联网、物联网、大数据等技术，使得制造企业在远程维护、在线监测、线上服务等领域拓展服务链更便捷、更高效。同时，数字化技术、互联网技术等可以推动制造企业整合内、外部资源，创新服务化模式，在个性化定制、系统集成服务、解决方案提供等方面培育新业态新模式。大规模的制造业服务化可以催生第三方网络化服务平台，为同类制造型企业提供专业化服务，聚集海量数据，加快制造业服务业模式创新，降低了中小型制造业企业服务化转型的成本。

（二）数字经济促进企业创新管理发展的实现路径

数字经济为中国制造转型升级提供了新动力，同时，由于数字经济是一种通用目的的技术和基础设施，也对中国制造业提出了更高的要求，制造业呈现出"软件定义、数据驱动、平台支撑、服务增值、智能主导"的新特征。数字经济驱动下中国制造转型升级路径正在发生变化，以平台化、生态化、软件化、共享化、去核化等实现"弯道超车"。

1. 平台化

数字经济驱动中国制造业企业向平台型企业转型升级。制造业企业生产组织方式平台化是大势所趋，海尔、三一重工、沈阳机床、红领等传统制造型企业依托数字技术和互联网加快向平台经济转型。如海尔通过"企业平台化、员工创客化、用户个性化"，把企业打造成一个集聚信息、资源、数据的开放式平台，打通了内外部资源，打破了信息不对称，推动了产业跨界融合，催生了一大批新产品、新业态、新模式，为企业转型发展提供了新动力和新支撑，制造业企业借助平台思维从生产者、交付者转变成为整合者、链接者。当前，企业竞争加快向平台竞争转变，通过打造平台经济为全行业提供服务，平台价值随着使用者的增加而呈现指数级增长，在产业竞争中占得先机与优势。近年来，沿海地区制造业企业加快培育平台经济，对全国乃至全球产业资源进行系统整合，把信息流、资金流、数据流等集聚到专业化平台上，进一步强化了产业优势。

2. 生态化

在数字化背景下，不同产业和区域的生态之间，开始发生越来越多的关联，它们可能将不再羁于行业、地域等因素带来的条块分割，而是紧密地交错起来，让跨界地带产生丰富的创新空间，从而形成一个"数字生态共同体"。制造业企业可以通过平台经济培育壮大生态系统，促进消费者、设计师、制造商、服务商等参与方集聚到同一生态圈中，形成联动优势，生态链优势一旦形成就可以依托海量数据进行协同演进、自我强化，在激烈的市场竞争中彰显系统优势。未来，企业之间的竞争将演化为生态圈与生态圈之间的竞争。

3. 软件化

数字经济时代，软件定义一切。当前，工业技术软件化趋势加快，工业软件定义了研发、产品、制造、运营、管理等业务流程，数字化设计、智能制造系统、工业互联网、人工智能、3D 打印等技术日趋成熟，制造业的研发方式、制造模式、业务流程、盈利模式等正在被重新定义。同时，工业软件云端化加速，基于工业互联网、面向特定应用场景的工业 App 也在持续涌现。尤其是数字工厂、智能制造的推广渗透，设备之间的端到端集成更加成熟，基本实现"无人工厂"，其中的核心是工业软件。

4. 共享化

数字经济时代，制造业将是共享经济的主战场，中国拥有超大规模的设备，在传统产能过剩和产品升级加速双向挤压下，研发设计能力、生产制造能力、检验检测能力、物流配送能力等都可以通过共享经济平台进行交易，推动闲置设备、闲置工厂重新投入使用，阿里淘工厂、航天云网等模式的成功运行，证明了共享经济在制造业领域存在广阔的发展空间。同时，面对个性化、小规模需求的快速增长，企业规模和产品批量小微化，单个企业投资大量设备占用资金，使用效率不高，共享工厂模式应运而生。当前，沈阳机床、明匠智能等智能制造方案提供商均谋划在优势产业集群、众创空间等布局共享工厂，为同类型企业提供加工制造服务，中小微企业可以通过在线平台传输数据完成订单、制造过程及交付、结算、物流等全流程，真正实现互联网制造。

5. 去核化

数字经济时代，制造过程的各个参与方均被充分赋能，大数据、物联网、智能制造等技术也使得分散决策成为可能，并且效率会更高，科层制、事业部制等传统管理模式难以适应数字经济时代新要求，倒逼制造业企业组织结构"去核化"（或称"去中心化"），每一个点都可以围绕客户需求对企业内外部资源进行重新组合，开辟新产品、新服务、新业态、新模式。例如，海尔近年践行的"人单合一"模式，把员工转变为平台主、小微主、小微成员，同时创新薪酬体系加快组织结构和管理模式变革，激活了内部资源，激发了企业内部"大众创业，万众创新"的热点，催生了一大批新业态、新模式，为企业转型发展注入了新活力。

第三节 数字经济给企业创新管理带来的影响及机遇

数字化转型已成为中国企业级 IT 市场的重点词汇，企业拥抱互联网技术的程度越深，其生产效率和效益就会越高。数字化转型将会给企业带来颠覆性的改变，企业用户需要重新思考企业文化、战略、经营流程以及其他方方面面的问题，甚至包括与伙伴的合作。同时也给企业创新管理带来新的机遇，企业也需要为数字化转型做好充足的准备。

数字经济时代，数字化转型正在重新定义并进化企业管理。企业经营理念呈现企业平台化特征，更加注重生态，让大企业做平台，小企业上平台；组织设计向扁平化进化；企业服务化职能强化；运营流程呈现企业数字化特征，强调数字化工作、数字化流程、数据挖掘。

一、数字经济迫使传统企业转型

企业组织规模的边界，受内部交易成本、企业家决策水准、产品多样性等因素影响，均衡于内部交易成本等同于外部市场运行成本的临界点。依托封闭式、垂直一体化层级架构，通过自上而下的行政命令来安排生产及交易，提升效率和降低交易成本，这是新时期企业的主要特点。时过境迁，如今，人类即将告别工业化，步入信息化时代。在中国，基于互联网和新一代信息技术的企业如雨后春笋般蓬勃兴起，迅速发展。与数字经济时代的新生企业比较，工业化时代传统企业所处的外部市场条件诸如运行成本、消费者需求已发生深刻变化，合力倒逼传统企业变革创新。沿袭科斯运用替代、边界两个概念工具分析企业性质的基本思路，考察数字经济时代传统企业遭遇的变革冲击、传统企业替代市场机制的基础是否动摇或发生变化、传统企业浴火重生的路径及启示，可能是一项理论与实践相结合、非常有趣和富有挑战性的工作。

（一）传统企业受数字经济的内外夹击

从企业内部看，信息化改造虽然使得内部交易成本走低，但传统企业自上而下的决策和执行机制即便采用了 ERP 等，也无法满足消费者日益个性化、多元化的需求。以往盈利颇丰的标准化产品逐步被新生代个性化消费者抛弃，导致企业产能过剩、库存增加、现金流紧张，内部交易成本走高。以往经济不振时，企业临时裁员、兼并重组转向高利润业务、上市融资等老办法无法根治对市场响应迟缓和内部交易成本攀升等问题。

从企业外部看，市场运行成本降低和竞争日趋激烈正猛力冲击着传统企业。全球贸易便利化国际规则、交通及信息的互联互通、电子交易方式的普及、社交平台经济等极大程度上降低了市场机制成本，使得未实施大刀阔斧改革的传统企业替代市场机制的成本优势不断走弱。而极少数先行变革成功者往往会抓住机遇窗口期，利用竞争优势通过设立行业标准、抢占市场份额、产品定价权等方式获取行业垄断利润，哪怕是暂时的，也会加速传统企业的竞争性淘汰。考虑到互联网巨头利用商务运营、管理中沉淀的数据及背后的知识和规律轻松打破以往"隔行如隔山"的行业壁垒来实施横向跨界兼并整理，那么时下我们传统企业的艰难甚至惶恐就可以理解得更深刻一些了。

（二）传统企业需要组织创新

基于企业交易成本走高、外部激烈竞争等因素影响，数字经济时代，用户（消费者）导向的传统企业组织变革悄然兴起。开始实施组织创新的传统家电生产制造企业海尔就是典型代表。海尔消费者导向的组织变革经验主要有以下三点。一是积极构建消费者导向的企业服务生态系统。通过与消费者的多渠道互动，围绕消费者个性需求设计、开发和生产产品，为消费者提供基于物联网、大数据和云计算技术的售后维保服务。二是转变自上而下的层级决策机构为自下而上的横向分散决策机制。裂变一个大组织为诸多小组织，然后依托小组织模拟构建比外部市场更纯粹的横向分散决策市场机制，变以往自上而下的决策机制为自下而上，来解决传统企业决策信息不及时、不充分的难题，不断优化提升企业内部资源配置和对外部市场变化响应的效率。三是转变雇主与雇员的雇佣与被雇佣关系为新型的合作分成关系，与员工共享企业利润剩余索取权。基于企业与员工的合作分成关系，使得每名员工都成为企业实质上的主人。依托新型合作分成关系，把考核评价员工的权利交给消费者，内外结合发力，使企业成为一个以满足消费者需求为己任、以追求公司利益最大化为目标、与企业共同分享剩余索取权的互联式团队。

（三）传统企业正经历"互联网 +"实践创新

为创新图强，传统企业不仅在组织创新方面实践探索，而且结合"互联网 +"在设计、生产、执行、营销、维保、物流配送等环节开拓创新，寻求突破。从实践看，近年来传统企业积极响应国家的大政方针，大力发展和依托人工智能等新一代信息技术，降低企业交易成本、库存资金占有率和应收账款以及提升企业利润水平和现金流。例如，山西太钢集团，依托云计算、大数据、物联网等新一代信息技术，大力实施信息化改造，互联构建以纵向决策支持、运营管理、生产执行、过程控制、基础自动化五级架构为骨干、用户个性化需求为导向的数据中心，全面对接采购、生产、质量、销售、设备及财务管理等业务流程，减弱了部门之间的壁垒，降低了资金、质量控制、订单追溯等方面的成本，提高了企业的总利润率。

总体来看，传统企业正在"互联网 +"的创新实践中积蓄力量、孕育新生。以往传统工业的标准化生产方式正在被数字经济时代的个性化、智能生产方式所替代，传统受区域限制的线下现金交易方式正在被线上数字货币交易方式所冲击，传统的分层、贴标签式营销正在被智慧、精准的信息推送营销所替代，传统的物流配送服务正在被低成本高效率的智慧物流所替代。伴随生产、交易、营销、流通方式的转变，国人以往传统生产、生活、交往的习惯、理念、文化正随着新技术的集群加速发展应用在全面重塑中萌生新的枝芽。传统企业，其服务的市场正发生着翻天覆地的变化，顺势而为，因势利导，勇于实践创新，方可突出重围。

二、企业数字化转型的过程及模式

（一）企业数字化转型的过程

企业数字化经历了三个发展阶段：业务自动化、行业互联网化以及"技术即业务本身"。

1. 业务自动化阶段

企业在这个时代完成了业务自动化。这个阶段是技术替代重复的人工劳动，IT技术让大规模的生产类整合以及全球化成为可能，成为一种高效运转模式。但是在这一阶段，IT技术并没有对传统的商业化模式造成更大的影响。

2. 行业互联网化阶段

以亚马逊和eBay为代表的互联网商业公司兴起，互联网不受时间、地点和品类的限制，这对于实体商业模式造成了很大的冲击，两种商业模式在两条平行线上竞争，发挥着各自的优势，在各自的舒适区域中博弈。

3. 技术与服务融合阶段

随着移动互联网技术、云计算技术以及物联网技术的兴起，物理实体世界的体验与虚拟的数字体验正在不断融合。在这个过程当中，出现了很多新业务模式，新一代消费者也出现了。年轻人对于消费服务的期望不同于传统消费者，他们希望随时随地获得各种各样的服务。

（二）企业数字化转型的模式

1. 流程创新

在传统的业务模式之下，流程创新更多是围绕提高生产力效率而展开，包括业务自动化、流程优化和效率提升。随着物联网和大数据的应用，流程创新更多围绕抓住商业机会以及转瞬即逝的用户品位展开，从而引导消费者采购。这个变化意味着，从原来降低成本和提高效率转变成商业机会的创新。通过移动 App 应用，店内的店员可快速有效地跟踪线上以及库存商品，可以快速填写出补货需求，这样便能提高每个店员的工作效率。

2. 体验创新

体验创新更多地指应用最新的感知与交互技术，通过触点分析打造全新的用户和产品体验，包括场景分析、用户历程图以及触点优化。张松介绍说，国外一家酒店集团通过社交数据分析提炼出所有为酒店点赞或推荐的文字线索，发现几乎所有的线索都发生在进入酒店前 20 分钟的体验中，所以针对这 20 分钟体验做重点投资优化，即触点优化。

3. 模式创新

在模式创新中，可以看到很多公司在原有核心资源和核心竞争力基础之上，采用技术手段实现模式创新。

三、数字经济对企业创新范式产生影响

从创新的角度而言，未来全球的创新范式正在发生很大的变化，主要体现在以下三个方面。

（一）创新范围已经从"封闭竞争"走向"开放合作"

创新更多是由多个企业在一个创新生态系统中相互合作完成的，创新边界已经超出了企业既有的边界。

（二）创新组织已经从"一体化"走向"平台"

"平台"以其特有的弹性，成为网络经济背景下的重要战略选择和组织形式，使得企业的创新活动同技术和市场变化共同演进。

（三）创新行为已经从"线性创新"走向"涌现创新"

未来，我们需要培育友好的"创新生态系统"，即培育创新的环境，创造创新的机会和激情，尊重和鼓励创新，引致创新行为不断涌现，相关各方共同跟进。

四、企业数字化转型带来的四大机遇

（一）数字经济加速企业应用创新

为跟上市场的变化，各行各业都在改变新产品、新应用的开发和发布方式。在传统模式下，数据收集、设计、制造需要很长时间，而且要预先对更新、测试、发布进行规划，完成这一系列工作需要数月甚至数年的时间。

越来越多的企业转而采用敏捷设计、制造与发布，在速度和质量之间实现了更好的平衡，能够快速撤回不成功的新产品或新服务，而不影响关键服务和系统的持续运行。为建立更加敏捷的工作流程，企业应实现更紧密的团队协作，以及无缝的系统集成，而且还需要能够实时监控协作与集成的成果。

（二）用大数据增强企业创新的洞察力

大家都希望用大数据来武装自己，但只有弄懂了数据的含义，才能将信息转化为竞争力。事实上，每个企业都拥有相当多客户、竞争对手以及内部运营的数据，因此，需要采用合适的工具和流程去挖掘数据的真正含义，才能快速做出明智的决策促进创新，并制订出具有前瞻性的发展计划。

（三）数字化工具提供企业创新的工作空间

技术消费化趋势和移动设备的增多，导致如今企业员工的工作环境流动性远大于从前，工作空间的概念已经发生了根本性的变化。

工作将不再受时间、地点的限制，为了吸引和留住优秀人才，企业必须建立能够适应这种新型工作方式的环境和文化。合适的数字化工具和政策在这里尤为重要，利用它们，员工即可高效应对职场中的各种复杂情况。

（四）适应企业创新业务发展的安全保障

企业在加速创新、缩短产品周期的同时，也面临更多安全风险与威胁。随着更多应用实现互联互通，黑客成功侵入一个系统就能非法访问所有相连系统，而员工与合作伙伴所获得的远程访问权限，也让企业必须应对系统后门可能增多的疑问。

从安全角度来看，简化安全流程，持续不断地对所有系统进行推敲、测试和升级至关重要。通过自动化工具以及更好的协议配置，可以让公司显著缩短发现和修补漏洞的时间差，从而最大限度地降低系统遭遇非法入侵和数据丢失的可能性。

第四节　企业创新管理的数字化转型

一、企业创新管理数字化转型的核心技术

（一）便利可靠的连接

适配多种控制器、性价比高、新技术跟踪。全球主流运营商网络的无缝集成与切换，GPS 与北斗定位，以及商用卫星通信能力。

（二）混合云架构技术

基于公有云的技术架构，又能确保数据隐私，打造"公有云 + 私有云"架构，具备多云迁徙能力。

（三）工业大数据处理技术

支撑工业大数据的广泛应用，应来自工业企业的最朴素需求。最接地气的工业大数据应用，包括宏观经济预测、配件需求预测、产品研发大数据分析、在外贷款风险管控模型、设备故障预测模型、服务模式创新等。

（四）可复制的应用能力

应对解决个性化 / 标准化的冲突，应对客户的个性化需求，又要具备大规模复制的互联网拓展模式，确定核心应用为后市场服务运营管理（通用性高、普遍的痛点、制造业与服务业的接口），利用互联网轻量级架构，打造组件化、微服务化功能模块，便于应用的自由配置和功能的个性化组合。

（五）集成应用的整体效率

从接入到应用端到端打通，跨技术层级的整体效率和易用性；开放性，能够对接各种外部应用。

（六）多层次、端到端的安全防御体系

建立云、管、端全方位的安全防御体系，如芯片硬件加密（TPM/TEE）、安全 OS（隔离）轻量级、终端安全插件（轻量化）、设备端软硬件防篡改、识别并过滤 IoT 协议和应用、百万并发连接处理、无线网和固网加密传输协议、DDoS 攻击防护、云端安全运维中心、基于大数据安全态势感知等安全管理技术。

二、企业创新管理数字化转型的法则

（一）满足客户新需求

数字化时代，行业之间的界限变得越来越模糊。从传统上来讲，有些企业只专注于一个领域，但未来的数字企业需要更多地关注其他领域，开发新的增长点，从而满足客户的需求。

为构建以客户为中心的体验，企业不仅需要集成世界一流的技术，还需要改变原来的组织结构和流程，包括企业的管理层和普通员工都应接受企业的数字化转型，提高客户关注度，这样才能推动企业在数字经济时代实现长足发展。如今，全球各地的客户把更多精力投在互联网搜索和社交媒体上。因为他们希望随时随地通过移动设备，灵活获取并快速利用这些信息。这场融合了 Web、社交媒体、移动商务和云计算的完美风暴正引发商务领域的巨变，而且在与企业博弈中，客户在很大程度上重新占领主导地位。

思路转变也是改变链条中的关键一环，企业管理者和普通员工都需要拥抱全新的思维方式。建立一个数据驱动的思维至关重要，要有实时明确的分类数据，这样就能对竞争对手做出反应，对行业变化做出反应，企业的动作与速度必然越来越快。

（二）善用大数据，借力物联网

随着数字技术的普及，几乎每家企业都面临着海量数据，如何从这些数据中淘到真金成为考验一家企业是否具有数字化能力的标志。虽然很多企业采集的客户信息越来越多，但他们却不善于利用这些信息。一般来说，企业的数据几乎是暗数据（暗数据是指那些需要资金来存储、保护和管理，却没有得到高效利用，不能提升商业价值的内容）。更重要的是，这些数据还分散在多个数据库中，这就使企业难以获得一个完整的客户视图。所以，当客户开始接触那些真正关注客户服务、了解并满足客户需求的企业时，这些缺乏完整视图的企业将毫无竞争力可言。

所以，企业不能总固守过去，而是需要以一种开放的态度来面对未来。企业需要有实时的、明确分类的数据，以便对竞争对手和行业领域的变化做出反应。通过在鞋中放入传感器芯片搜集数据，并改进产品，从而为客户提供更好的服务。

物联网的普及势必将掀起一股巨大的创新浪潮，尤其在制造业产品的价值链中，物联网定会起到举足轻重的作用，因为物联网是"工业4.0"理念的极重要的一环。随着这股创新浪潮的兴起，企业不仅能够打造高效、灵活、模块化和自动化的智慧工厂，还能基于物联网解决方案另辟蹊径，成功转型为利用云计算的增值服务型企业。

（三）全力打造数字化价值链

数字经济为企业创造了许多新的业务机会，且这些机会涉及价值链的方方面面。但是，企业要想抓住那些机会，就必须快速、灵活地利用数据，因为数据是推动数字化业务运营和创造增值业务成果的动力。如今的现状是，价值链由过时的系统、脱节的流程和分散的信息提供支持，毫无疑问，这会让企业在竞争中处于劣势。而且，企业将无法在覆盖多个业务领域的端到端流程中，及时制定决策，而流程本身的脱节更会进一步延误策略。

复杂性是整个价值链中亟待解决的问题。然而，随着企业向数字经济转型，并采用物联网、社交媒体，及其他外部的结构化和非结构化数据流，整个价值链将变得更加复杂。而要解决这个问题，唯一的办法是，在企业内部构建一个灵活的数字化核心平台。这样，企业就能够对财务、供应链、研发和制造等核心业务流程执行平台迁移，并实时整合业务流程和商务分析，从而实现更智慧、更快速和更简单地运营。借助先进的内存计算技术，企业终于能够摆脱批处理模式下的业务运营，也无须再构建复杂的流程来突破传统技术的限制。事实上，数字化的核心是能帮助企业化繁为简，并释放数字化业务的全部潜能。借助由数字化核心平台驱动的数字化价值链，企业将有机会提升业务价值和优化客户体验。该平台能够支持企业在所有业务领域实时制定决策，有效执行数字化价值链的重要一环。这样，企业就能够专注于战略性优先工作，而不是花时间维持系统的正常运营。

新技术发展到今天，不仅涌现了许多新兴数字化公司，也促进了一些传统企业的变身。企业应该明白，向数字化转型不是一蹴而就的事，而是任重而道远。必须立即行动，在专业机构的帮助下，逐步打造数字化能力，尽快成为数字化企业。

三、企业创新管理数字化转型的技术趋势

数字化已经深深地嵌入了所有企业。即使技术已经成为组织及其战略的重要组成部分。只有人本身，才能确保企业在一个以前所未有的速度脱胎换骨的世界中立于不败之地。

（一）智能自动：数字时代不可或缺的"新员工"

机器和智能软件将成为企业的新员工，为人类提供新的技能，辅助其完成新的工作，重塑无限可能。智能自动最大的威力是从根本上改变了企业与个人的工作方式。机器以其独有的优势与能力使人类工作如虎添翼。随着智能技术的日益完善，它将为人类工作带来前所未有的活力，激发无限可能。现在，企业可以换种方式来完成工作，还可以做与众不同的事。"机器和人工智能将成为企业的新员工，为人类提供新的技能，辅助其完成新的工作，重塑无限可能。"

（二）柔性团队：重塑当今的数字文化

为了紧跟数字时代不断发展的步伐，实现宏伟目标，企业除了提升工具和技术方面的硬实力之外，还需特别注意锻造"员工团队"这一软实力。过去，人们的职业技能、轨迹和目标都相对固定。如今，各种行业的企业都在培养"柔性团队"，他们能不断适应环境及自我调整，具有较大的灵活性和较强的应变能力。"借力于数字技术，企业员工改变了企业将要做什么，更重要的是怎么去做。"

（三）平台经济：由外向内推动创新

行业领军者已不满足创建新的技术平台，而应打造平台化的新经济模式与战略，推动全球宏观经济再一次的深刻变革。未来，无论是顺势而为向平台化转型，还是固守一隅，企业都需要在平台经济中找准合适的战略定位。

（四）预见颠覆：利用数字生态系统促进新的增长

精准农业或产业物联网等迅速崛起的各种数字化平台为构建新型商业生态圈树立了典范，激活传统产业转型升级。打造出这些数字生态圈的企业打破了行业疆界，向全新的商业对手发起挑战。以往技术颠覆力量说来就来，不可预测，但如今企业根据生态系统的发展情况就可以预见下一波趋势。企业如果能够立即行动，以确定其在生态圈的独特战略定位创造出新的产品和服务，则有望在这场新的竞争中赢得领先。"迅速在生态圈中站稳脚跟，联合新的合作伙伴发展平台型服务，在新的竞争中赢得领先。"

（五）数字道德：商业道德与信息安全是加强客户关系的纽带

信任是数字经济的基石。用户不信任，企业就谈不上运营数据的使用与分享。在数字经济的环境下，用户、生态系统和监管者之间应当如何获得和保存数据呢？坚强的网络安全与道德体系是固守客户信任的强盾。企业需要以产品与服务的创建为起点，认真考虑道德和安全问题。当企业与客户间建立起长期的信任感时，将赢得长久的客户忠诚度。"巩固安全防护、履行隐私合规要求是远远不够的。企业应将数据管理和数字道德提升到核心战略层面，从而规避商业风险。"

第五章　数字经济与传统企业进化

第一节　数字经济时代的传统企业运营创新变革

伴随数据资源的爆发式增长、数字技术的持续快速创新，经济社会各领域数字化进程日益加快，数字经济被赋予了新的含义，日益成为推动经济实现快速增长的重要驱动力量。新时期，企业应提供能够为未来企业数据分析与预测、企业战略与转型、产品服务信息化等方面起到支撑作用的技术，使之在转型变革中掌握和利用好数字经济，在实践中不断创新并推动数字经济发展。

一、数字经济的时代背景

数字经济是移动互联网、云计算、大数据等新一代通用技术深入经济社会各个层面后产生的结果，是目前引领全球经济增长的重要引擎之一。在"互联网+"行动计划的推动下，数字技术与传统经济不断融合创新，基于互联网的新技术、新产品、新模式、新业态迸发蓬勃生机。

（一）数字经济的内涵及特征

数字经济是继农业经济、工业经济之后，以信息革命为背景，以经济全球化为目标，以数字技术为标志和驱动力，以知识资源为依托的新型经济社会发展形态。塔普斯科特（Tapscott）在其著作中论述了互联网对经济社会的影响，卡斯泰尔（Castells）则聚焦于信息时代经济社会发展动力问题进行了研究，尼古拉斯（Nicholas）阐明了信息技术、互联网对时代和社会生活产生的影响与价值，使数字经济理念迅速流行开来。我国也十分重视信息通信技术对经济社会的促进作用。2015 年的《政府工作报告》首次提出了"互联网 +"，要求通过促进互联网融合创新作用的发挥，加快经济转型升级步伐；2016 年的 G20 杭州峰会上，我国倡导签署了《二十国集团数字经济发展与合作倡议》，这是官方文件第一次使用"数字经济"这一提法；2017 年的《政府工作报告》中指出："推动'互联网 +'深入发展、促进数字经济加快成长，让企业广泛受益、群众普遍受惠。"

数字经济的内涵在实践中不断演化，各国政府逐步将发展数字经济作为推动经济增长的重要手段，特别是 2008 年国际金融危机爆发以来，世界各国纷纷开始制定数字经济战略，期望通过发展数字经济来拉动经济复苏。当前，我国也在大力发展经济、培育新动能，开始更多地从经济视角研究数字化问题，数字经济已被视为推动我国经济增长的新动力。基于上述观点和实践发展，G20 杭州峰会签署的倡议中的数字经济内涵较具代表性，倡议认为，数字经济是以使用数字化知识和信息作为关键生产要素，以现代信息网络作为重要载体，以信息通信技术有效使用作为效率提升和经济结构优化重要推动力的系列经济活动。作为新的经济形态，数字经济呈现出有别于传统经济的独有特征，宽带、无线网络等成为必要的信息基础设施，数据成为关键要素，数字素养成为对劳动者和消费者的新需求，数据驱动型创新正在向科技研发、经济社会等各个领域扩展，日益成为国家创新发展的关键形式和重要方向。

（二）数字经济的意义与作用

现阶段，数字经济已成为推动我国经济增长的主要引擎之一，其对社会的重要价值意义在于以下几个方面。第一，提高经济发展质量。数字经济的赋能效应显著，不仅能够驱动经济快速增长、促进全球贸易繁荣，还能提高经济增长质量，推动传统产业优化资源配置，加快实体经济的转型升级。第二，激发创新创业热情。在新一轮科技革命和产业革命的带动下，特别是在政府的大力推动下，我国孕育了一大批极具发展潜力的互联网企业，数字经济成为激发创新创业、带动就业的驱动力量。第三，增强节能减排效果。信息通信技术的自身发展有助于减少社会经济活动对部分物资的消耗，将信息通信技术应用于其他产业，如优化物流安排和智能流量管理等，可以带来更为明显的节能效果。第四，推动供给侧结构性改革。互联网与工业、农业等传统产业深度融合，大幅提高了生产运营和组织效率，显著提升了有效供给能力，与此同时，互联网扩大了居民消费空间、增强了用户体验、优化了消费环境，进一步释放了有效消费需求。互联网推动供给结构由低端向高端发展，需求结构由生存型向品质型转变，增强了供给结构对需求变化的适应性和灵活性。第五，促进就业，增进福祉。数字经济激发了人类智力、提升了人们的认知水平。数字经济的发展使就业者摆脱了时空的束缚，使人的个体价值被更加自由地激发、流动和共享，有利于提升人民的幸福感，增进社会福祉。

新一轮科技革命和产业变革的蓬勃兴起将对就业结构和就业数量产生巨大的影响。我国数字经济领域的就业率逐渐上升，开始涌现出了新的就业形态。2018年，国家发改委、教育部、科技部、工业和信息化部等19部门联合印发的《关于发展数字经济稳定并扩大就业的指导意见》提出，以大力发展数字经济促进就业为主线，以同步推进产业结构和劳动者技能数字化转型为重点，加快形成适应数字经济发展的就业政策体系，大力提升数字化、网络化、智能化就业创业服务能力，不断拓展就业创业新空间，着力实现更高质量和更充分就业。按照《意见》要求，到 2025 年，伴随数字经济不断壮大，国民数字素养达到发达国家平均水平，数字人才规模稳步扩大，数字经济领域成为吸纳就业的重要渠道。

二、企业管理数字化转型

当前处于数字时代，任何组织都在寻求数字化转型，这个过程是必要和艰难的，它是一个由适应到依赖数字技术，再到逐渐形成数字化思维的过程。对于企业而言，数字技术正在深刻地影响着商业变革，不断涌现出新的商业模式和创新，各个产业之间的边界也不再清晰，因此，企业的数字化转型势在必行。

（一）企业竞争与战略数字化

企业间的数字化竞争是转型速度和转型效果的竞争，体现在借助数字化技术推动业务转型或业务扩张等方面，竞争形式呈多样化。对于传统企业而言，新一代原生数字企业对其发展产生了巨大的冲击，例如，数字媒体正在颠覆传统的媒体形态，今日头条等新闻聚合器和微博、微信等社交网络正在引爆网络，不但改变了新闻的传播方式，而且改变了读者对新闻生产过程和新闻品牌的认知；同时，新兴数字企业存在跨界竞争，如企业由传统数据服务领域进入通信设备制造和互联网接入市场。现阶段，数字化转型速度快、效果好的企业能够更快、更好地适应数字时代，更能在人才、资本和品牌的竞争中保持优势。

现阶段，无论是客户还是企业员工，其工作生活都越来越习惯和依赖数字技术。数字技术能够使企业线下实体空间和线上虚拟空间逐渐融合、协同进化，从而引起企业内外部互动方式的数字化调整和更新。因此，企业需要从战略角度理解和适应数字变化，制定数据驱动的决策，培养人员内部从管理层到普通员工的数字意识和工作习惯，使之采取措施主动学习应用数字技术，渐进式改变原有的流程、支持新的数字业务，以提升效率和推动商业模式创新，并在变化中更好地识别机会、抓住机会和创造价值。

（二）企业管理与商业模式数字化

企业数字化管理能够以新的方式捕捉经营利润，建立起强大的客户和员工价值理念。从战略层面分析，企业应先确立数字化战略和阶段目标，确定关键负责人，制订详细计划，确保企业能够上行下达，逐步形成组织认同，同时可向组织外传递明确的数字化转型预期；此外，企业为更好地应用数字技术和适应数字化转型需求，应及时合理调整传统的组织结构，整合与数字化相关的业务或职能工作。随着商业活动数字化程度的提高，数据分析师等专业人才匮乏的问题逐渐显现，企业可以采取内培外聘的方式，为数字化人才提供适宜的工作环境，并根据数字战略更新企业文化。

数字平台是线上技术支持型的双边或多边市场商业模式创新，颠覆了传统行业游戏规则，创造出了新型社群市场，使原本相互竞争的企业、需求完全不同的消费者都成为给平台贡献价值的参与者。数字技术大大降低了数字平台运营对基础设施和有形资产的需求，数字化的信息、经验和数字系统都可以零成本地传递和复制，极大地降低了智力扩展成本。数字平台获益方式灵活多样，可以收取交易佣金、单方面收取服务费，也可以围绕平台数据提供市场营销、投资咨询和数据交易等服务来获取收益。同时，数字平台参与者规模、参与者之间互动数量的线性增长会带来平台价值的指数级增长，从而产生平台网络效应。

（三）企业经营数字化变革

数字经济快速发展，数字化与全球化日益融合，数据流动成为全球化新的特征。数字信息对商业运营的驱动，数字技术和网络技术对产业的不断渗透，推动企业从流程驱动、中心控制的组织结构转变为共享平台、高度去中心化的新型组织结构，改变了企业生产运营的全过程。

1. 企业市场与营销数字化

与传统时代的市场相比，消费者在数字时代也发生了较大变化，过去消费者只是广告和商品的被动接受者，而在数字时代消费者也参与到了企业商业活动中，主动讨论和表达对产品的想法。同时，产品生命周期较之过去更短，市场也更加细化，且消费者的忠诚度也在逐渐降低，越来越多的商业活动发生在线上，各种渠道和模式应接不暇，消费者的购物渠道和消费方式更加多样，因此消费者在购买商品时更加注重个人的消费体验。为此，企业需要收集消费者数据，掌握顾客线上线下行为，整合企业创意与活动，通过内容和服务创造独特的用户体验，使消费者自动进行品牌推广。

数字营销是企业数字化转型的核心驱动。更好地应用数字技术和数字媒体建设数字品牌，提升用户线上线下一致性和便利性体验，与客户进行更多、更深入的互动是企业营销数字化转型的重要内容。网络社交营销是建立口碑和品牌的有效策略，数字媒体的内容和形式更为丰富，情感表达和互动性更强，通过数字媒体表达的数字品牌更容易被数字时代的年轻人所接受。而且，数字技术为创意提供了无限空间，这也是信息过剩时代抓住客户注意力的关键。为此，企业在线下经营基础上所新建的线上渠道和接触点，需要满足客户感知、消费过程、售后保障等线上线下的无缝衔接，鼓励消费者通过分享想法、共同完善设计、众筹、组建产品讨论组和粉丝社区等形式积极参与企业商业活动。

2. 企业产品与生产数字化

企业产品数字化通常是数字技术对产品形态和功能所进行的改变，其主要表现为：①产品本身数字化，比如金融、教育等行业的产品和服务等数字化的实现，往往伴随着第三方电子支付、按需购买服务等商业模式创新；②借助数字技术为产品附加更多功能，如在运动服饰内添加内置传感器记录客户的运动数据，此类转型常与市场细分和差异化创新密切相关，满足客户从科学锻炼到情感交流的多种需求；③围绕数字技术对传统产品进行重大变革，如汽车工业企业开发无人驾驶汽车，此类转型通常更具颠覆性创新特点，具有彻底改变客户行为习惯或同类产品使用规则的潜力。

传统企业面临的生产数字化转型主要是产品在生产过程和服务提供过程中的数字化，如在产品生产中使用 3D 打印技术等。通过数字化技术与先进制造工艺融合的智能制造，可以提高生产效率，优化产品质量，满足消费者的个性化需求，提供智能化产品，加速企业服务化转型。生产制造要想做到敏捷、精益，就必须实现数字化，这就要求传统制造企业能够使用数字技术在完全虚拟的环境中建立模型、进行验证和仿真，将包括生产在内的所有前端和后端环节都集成到统一的数据平台，使生产过程变得更加柔性、灵活和智能。

3. 企业商品与服务贸易数字化

数字贸易是以互联网为基础、以数字交换技术为手段、以互联网传输为媒介的，它不仅改变了企业商品和服务的生产和交付方式，还直接缩短了时空距离，降低了交易成本。互联网让共享经济、网络协作成为可能，通过线上线下融合、大数据与平台化，打破了地域、资源和成本的限制，其结果必然能优化贸易体制，简化企业贸易流程，增加其贸易机会。

数字贸易向客户提供的服务是知识密集型的，强调与客户之间的高度互动，更为重要的是数字贸易具有高度创新功能，在为客户提供产品服务的同时，企业作为数字贸易主体必须不断创新、吸收新知识、学习新技术，创造出适合技术和生产发展新要求的知识应用模式。因此，管理部门需要完善数字资源知识产权保护机制，积极应用数字融合管理工具，使信息技术应用与企业的组织、管理、流程等相匹配。

云计算、大数据、移动互联网、社交媒体等新技术的不断涌现，拓展和扩充了数字贸易产品服务的种类范围，为客户提供了更为广阔的商品服务选择空间和余地。借助数字技术，企业基于已有的优势资源，可以在全球范围内寻找需要的人才、供应商和合作伙伴，重新组织生产和创新，推出更丰富的产品线，适应和激发客户特殊化个性需求，满足实时性、交互性、低成本、个性化的需求。

（四）企业数字化变革风险治理

数字技术快速发展、相互融合，催生出许多新产业、新业态和新模式，创造了大量的就业机会，使就业质量持续改善，但数字化给企业带来的颠覆性变革既是机遇也是挑战，企业应将变革过程中的各类风险管控纳入战略决策中，协同政府、社会民众或其他利益相关方，建立起更具灵活性与适应性的治理体系。

行业协会应推动行业层面的标准等的制定，促使企业积极向数字化方向转型。企业应自信地接收数字变革带来的不确定性，积极整合新服务、新技术、新模式、新同盟等所有新生事物，以应对数字化变革产生的各种复杂情况；打造数字时代的全新员工团队，员工不仅要拥有基础计算机网络知识，还要具备创新能力、能接受灵活的工作方式、适应环境变化；建立数字信用联盟，将用户数据视为企业关键业务资产，与联盟成员一同加强企业数据安全，分享使用其运营所需的数据，减少服务故障、保护用户隐私、提升用户体验。

第二节　实体企业数字化变革的业绩提升效应评估

顺应数字经济时代召唤、更好地推动数字化变革，成为实体企业肩上的新使命与面临的新机遇。在数字经济浪潮下，数字化变革是否有利于实体企业经济效益提升，即其具有业绩提升效应吗？若有，实现路径是怎样的？对于这些问题，学术界尚未得出一致结论。剖析这些问题，对我国实体企业新旧动能转换及高质量发展具有重要意义。

一、相关研究综述

"数字经济"一词可追溯至 20 世纪 90 年代，学术界普遍认同其是一种基于信息技术革新驱动的新经济形态。在数字经济中，新兴技术是亮点，数字化变革是重点，实体企业是主战场。实体企业数字化变革作为构成数字经济微观层面的重要内容，以市场中单个经济组织数字化行为及经济后果为考察重点，最能体现数字经济实际运行状况。围绕"数字化变革"话题，学术领域发表了系列文献，按主题不同可分为"数字化变革"的认识、"数字化变革"的经济后果、"数字化变革"的转型路径等。

国家政策话语体系中，数字化变革意为移动互联网、物联网、大数据、云计算、人工智能等与实体企业的深度融合，代表着以数据为驱动要素的新经济形态和产业发展规律。简而言之，就是"新兴数字技术 + 实体企业"，蕴含着产业融合、创新驱动、新经济形态等特征。由其内涵可见，数字化变革绝非简单应用网络的行为，而是将数据作为与人、资、地同等重要的新生产要素和创新产出驱动力，通过跨界融合与价值创造，以实现数字技术赋能实体企业，促进高质量发展。

现阶段，关于实体企业数字化变革能否提升企业绩效的参考文献还较少，研究结论也存在较大偏差，部分学者的定性分析持肯定观点，但也有部分研究发现，传统数字化技术应用对企业绩效的影响并不显著。上述差异产生的原因可能在于，后者考察时间较短，未从国家政策语义视角捕捉和理解数字化变革本质，混淆了应用互联网或数字化软件与数字化变革概念。鉴于这一原因，我们有必要重新认识数字化变革对企业业绩的影响。

已有研究表明，实体企业数字化变革可能会通过降本、提效、创新等路径来实现业绩提升目标。第一，数字化变革有利于降低成本。连接、共享、开放等数字技术特征决定了企业去中介化，有助于减少交易各方信息不对称程度，降低信息搜寻、议价签约、监督交易及事后转换等成本。同时，厂商在业务环节融合数字技术，将突破时空限制，在采购、营销、物流中降低资源匹配、渠道运营费用，甚至能以趋零的代价处理客户个性化需求信息，极大地改善以往成本与能耗"双高"的问题。第二，数字化变革有利于实体企业提高运营效率。蕴含于新兴数字技术的结构化数据与非结构化信息，打开了数据挖掘空间，企业开始挖掘传统市场外的长尾需求，这可加快客户反应速度，促成产业专业化分工和协同作业，助推企业整体运营效率提高。第三，数字化变革有利于实体企业创新升级。在"数字技术＋产业"阶段，"云＋网＋端"信息服务构架不断激发数据和信息要素活力，禁锢于部门内的创新资源与能力得以释放，持续学习、动态协作趋势加强，跨界经营成为商业发展重要路径，新旧业务将在资源、技术、产品、经验、客户等方面深度融合，推动了实体企业"乘数"创造效应爆发，为价值发现和价值创造提供增量贡献。

二、数字经济政策演进与实体企业业绩变化

（一）数字经济政策演进轨迹

数字经济政策经历了由科技政策向产业政策、创新政策转变的渐进演变轨迹，彰显了由点到面、由局部到整体的政策推进过程。总体来看，我国数字经济政策演进可分为三个阶段。

1. 科技政策阶段（2012—2014 年）

这一阶段，以发布系列科技导向政策为阶段特征，建立了数字技术研发支持机制，实行了推动数字技术应用的方略，为实体企业数字化发展奠定了基础。2012 年发布的《"十二五"国家战略性新兴产业发展规划》开始聚焦物联网、云计算等新兴技术研发，强调互联网思维，明确信息化与工业化相融合的发展方向，但相关政策局限于技术实现层面。受政策影响，部分信息业优秀企业深

入探索数字技术，尝试"两化"融合。如东阿阿胶集团、海尔集团加大物联网等技术研发力度，深化新一代数字技术应用水平。

2. 产业政策阶段（2015—2016年）

以持续发布产业导向政策为阶段特征，构建数字技术与产业相融合的模式，谋划以"互联网＋产业"为核心的实体经济数字化转型方案，初步开启了我国数字经济发展格局。2015年，《国务院关于积极推进"互联网＋"行动的指导意见》首次提出"互联网＋"的政策语义及11项具体行动，涵盖了制造、农业、能源、服务、物流、交通等多个产业。其中，培育新兴业态、助力经济转型被纳入政策范畴。2016年，《关于推进"互联网＋"智慧能源发展的指导意见》《关于深入实施"互联网＋流通"行动计划的意见》《关于加快推进"互联网＋政务服务"工作的指导意见》出台，政策靶向性趋强，直指新一代互联网技术与各产业深度融合的转型路径。在"互联网＋"政策指引下，传统行业"互联网＋"转型呈现百业齐兴局面，三一重工、TCL集团、中粮集团、万科集团、国电南瑞、顺丰速运、蒙牛乳业、格力集团等企业积极响应，取得了一定的成果。

3. 创新政策阶段（2017年至今）

这一阶段，以创新为导向的数字经济政策持续发力，确立了实体企业数据要素驱动的高质量发展方式，突出了创新在破除旧动能、培育新动能中的引领作用，进一步完善了数字经济顶层设计。自2017年起，《关于创新管理优化服务培育壮大经济发展新动能加快新旧动能接续转换的意见》（国发办〔2017〕4号）等文件要求发挥数据要素创新引擎作用，力促"两高一低"企业向新技术、新产业、新业态、新模式升级。在此背景下，苏宁易购、娃哈哈、川仪股份、力帆股份、中青旅、国际医学、一汽集团、海螺集团、创维集团、新希望等企业锚定数字创新，拓展数字化变革实践方式，打造提质增效的新模式。

可见，数字经济政策的侧重点经历了从早期关注数字技术研发以及应用到产业数字化，再到全面推进实体企业数字化变革与创新驱动并重的嬗变。其中，2015 年与 2017 年是我国一揽子数字经济新政的关键节点，前者被视为"互联网＋"元年，以科技为导向的数字经济政策向产业层面过渡，特别是 2015 年后密集发布的"互联网＋产业"政策，在数字信息化基础上提出了更高的要求，释放了强有力的产业数字化信号；后者全面开启了数字经济时代，数据驱动、创新发展成为施策重点，并深入经济社会的各个领域。2018 年起连续发布的《数据驱动创新发展》文件，深刻改变了实体企业生产和创新方式，推动了我国数字经济创新力及竞争力的不断增强。2023 年，中共北京市委、北京市人民政府正式印发《关于更好发挥数据要素作用进一步加快发展数字经济的实施意见》（以下简称《实施意见》）的通知。其中在数据驱动方面，《实施意见》明确要求，发展数据生产服务业，支持企业开展数据采集、清洗加工、存储计算、数据分析、数据标注、数据训练等数据生产服务，支持企业研发建设数据生产线，推进数据生产自动化。培育人工智能生成内容产业发展，发展人工智能生成语音、图像和自然语言等内容，丰富合成数据供给。

（二）实体企业业绩变化

在数字经济政策三阶段演进过程中，数字化变革企业业绩呈趋势性上升。科技政策阶段，"变革"企业总资产收益率与净资产收益率处于低位，分别为0.05、0.09，成本、效率、创新指标总体表现平平。产业政策阶段，"变革"企业业绩显著提升，2021—2022 年总资产收益率及净资产收益率指标双双增长，分别上升到 0.06 和 0.10，相应企业销售毛利率、成本费用率、资产周转率、创新产出在不同程度上得以优化，数据均值分别增加 7.6 个、-1.0 个、23.2 个、22.7 个百分点。以上数据表明，"变革"企业业绩与数字经济政策走向具有同步性，随后者发展而正向变动。创新政策阶段，业绩向好趋势延续。"变革"

企业总资产收益率和净资产收益率分别攀升至 0.08、0.12，较上阶段分别增长 33.3%、20.0%。销售毛利率增加了 3.6%，成本费用率下降了 1.0%，资产周转率加快了 2.4%，创新产出升高了 22.2%。这说明以数据为创新动能的变革活动保证了企业各阶段业绩的持续提升。

三、实证分析与路径评估

根据经济政策传导机理，政策变量是影响市场的主要因素，发挥着方向引领、市场监督、资源协调作用，易引发企业行为的改变。在描述与分析数字经济政策下数字化变革企业存在的业绩提升效应后，其作用程度与影响路径如何，还需通过实证分析来确定。

（一）变量测度与数据来源

本节被解释变量包括测度实体企业整体经济效益的总资产收益率、净资产回报率指标以及衡量具体绩效的成本费用率、销售毛利率、总资产周转率、创新产出等指标，数据来源于 Wind、CSMAR 数据库。核心解释变量为数字化转型，数据基于 46 978 份临时和定期公告手工整理获得。考虑到研究需要，设置以下控制变量：信息化水平、资产负债率、公司规模、产权性质、上市年龄、成长机会、大股东持股、董事会效率、董事会独立性、两职合一。

（二）基准回归

为洞悉企业数字化变革带来的经济效应，分别以总资产收益率和净资产回报率作为因变量，以数字化转型为核心代理变量，加入反映信息化水平、公司特征、产权性质、投资机会、治理特征的控制变量进行回归估计。先后采用固定效应和随机效应两种模型回归，并依据 Hausman 检验值，做出最终选择。

两种模型中，数字化转型对企业经济效益有明显的促进作用。固定效应模型下，企业数字化变革对总资产收益率与净资产回报率的影响显著为正，且十分显著，系数分别为 0.009、0.026；随机效应模型下，相应估计系数依旧为正，且十分显著。同时，Hausman 检验结果显示，P 值小于显著性水平，拒绝原假设，固定效应模型优于随机效应模型。总之，在控制理论和文献提及的其他因素后，数字化转型与企业绩效显著正相关，表明数字化变革具有明显的业绩提升效应，能够为实体经济赋能。

由于基准回归可能存在内生性解释变量和因果倒置问题，需进一步采用 IV 工具变量回归和滞后期回归方式对内生性问题进行处理。为解决前一内生问题，选择上期数字化转型数据作为工具变量进行两阶段回归。从 IV 检验结果看（见表 5-1），F 值大于 10，上期数字化转型指标通过弱工具变量检验，且将该工具变量引入模型再次回归，仍在 5% 和 10% 的水平上与因变量正相关，说明处理内生性解释变量问题后，数字化变革对企业经济效益提升仍有积极作用。对于后者，分别选择滞后一期、两期的数字化转型数据进行回归，其对总资产收益率和净资产回报率的估计系数显著为正，并伴随滞后期数增加而减小，表明数字化变革带来经济收益的正效应会随着时间推移边际递减，原结论较稳健。

表 5-1　IV 检验结果

变量	总资产效益率	净资产回报率
数字化转型（IV）	0.007★★（2.43）	0.035★（1.70）
观测样本	6036	6036
R^2	0.120	0.047
Cragg-Donald Wald F statistic	66.33	32.22

注★★、★别代表在5%、10%的置信区间显著，Cragg-Donald Wald F statistic为F值。

（三）实现路径评估

为揭示数字化变革经济促进的作用机理，这里以创新、降本、提效为主线，进一步评估企业数字化变革中经济赋能效应的实现路径。从回归结果发现：数字化转型与成本费用率显著负相关（P ≤ 1%），与销售毛利率显著正相关（P ≤ 1%），这表明数字化转型促进了企业降低成本损耗，从微观层面更好地满足了供给侧结构性改革的要求；数字化转型与总资产周转率显著正相关（P ≤ 1%），表明数字化变革促进了企业资产利用效率的提升，有助于破解实体企业"效率难题"；数字化转型与创新产出显著正相关（P ≤ 1%），说明数字化转型有利于企业提升创新水平，实现以创新驱动高质量发展。总的来看，企业数字化赋能效应具体路径在于：降低成本、提升效率以及创新驱动。

四、助推企业数字化变革的国际经验借鉴

2008 年金融危机爆发后，各国立足产业升级与实体经济发展，纷纷制定了有利于实体企业数字化变革的数字经济战略。比较世界主要发达国家的数字经济政策不难发现，各国通过一系列规划，加快了实体企业数字化战略布局，力争打造数字驱动变革的生态系统，其共性特征有以下几点。

第一，以实体企业为主体，推动数字化转型。美、英、德、法等国数字经济政策中十分重视实体企业这一市场主体，通过设计和运用助推机制，引导和纠正实体企业数字化变革行为。例如，美国的《数字经济议程》强调实体企业是数字经济的重要参与者，政府需要更好地规划和服务于企业数字化转型；英国的《数字英国》和德国的《数字德国 2015》以实体企业数字化转型为战略重点，为数字化强国提供资金扶持、税收优惠、信息共享等支持。

第二，以跨界融合为导向，促进企业效益提升。多数国家将实体企业数字化变革视为占领全球价值链高端与提高经济效益的重要契机，并将其与新一代数字技术的深度融合作为施策要点。例如，美国的《先进制造业国家战略计划》强调"工业互联网"理念，明确加快推动智能技术与传统生产相融的规划，倡议发挥跨界融合优势，通过竞争，提高经济效益；英国的《数字经济战略（2015—2018）》呼吁健全产业融合发展体系，以融合发展谋求产业质量和效益的提升；德国的《2020 高科技战略》涉及"工业 4.0"规划，旨在促进工业生产与数字智能技术的融合，助力跨界经济效益的释放。

第三，以提质增效为路径，探索动能转换之路。为抓住数字化变革机遇，把握实体经济发展及效益提升新趋势，各国纷纷把提质增效作为新旧动能转换动力，推动实体企业迈向中高端水平。美国的《在数字经济中实现增长与创新》将提质增效作为实体企业数字化转型和增强核心竞争力的主攻方向，主张利用数字化技术提质增效，构筑实体经济发展新动能；英国《数字化战略》、德国的《数字议程（2014—2017）》等也在不同程度上表达了提质增效在传统产业数字化变革及价值创造中的路径作用。

第四，以大数据和智能化，引领创新驱动发展。研发数字技术、注重数据要素、推动创新发展成为发达国家共识。美国的《探索数字国家：拥抱移动互联网》倡议加大移动互联网、大数据、人工智能等数字技术研发，发挥新技术对实体企业传统业务的升级改造作用，推动企业业态创新；英国的《数字经济法案》关注企业数字化转型中的创新引领优势，对数字技术与实体经济融合过程中的业态创新提出了要求；德国的《数字化战略2025》和法国的《工业新法国2.0》也强调在数字化转型中汇聚数字及跨界力量提高创新水平，催生形成富含价值的新业态、新模式。

五、研究结论与政策建议

通过对我国多地企业数字化变革问题的研究，得出如下结论：第一，受数字经济政策影响，不同行业实体企业开展数字化变革的意愿强烈，表现为数字化变革企业逐年增加且增幅较大。第二，随着数字经济政策推进和企业数字化转型深入，"变革"企业业绩发生积极变化，业绩提升效应凸显，体现为经济效益、运营效率、成本损耗、创新产出呈趋势性、阶段性优化。第三，通过对企业数字化变革业绩提升效应及实现路径的评估发现，数字化变革显著提升了实体企业经济效益，采用工具变量法与滞后期回归法得出的结果依然稳健。进一步的路径评估表明，实体企业基于降本、提效、创新路径实现数字化变革经济效益的提升，与数字经济政策引导方向相吻合。第四，梳理助推企业数字化变革的国际政策发现，以实体企业为主体，以跨界融合为导向，以降本、增效、创新为驱动，成为主要发达国家施策共识，其经验对我国引导、促进实体企业数字化转型具有借鉴意义。

基于上述结论，提出以下几点建议。

第一，加快企业数字化变革步伐，促进数字技术与实体经济深度融合。国际经验表明，在数字化转型中，实体企业是主战场，产业融合是关键。我国应把握新一代信息技术赋能传统行业的机遇，遵循产业发展规律，加强规划引导与政策扶持，创造条件，调动实体企业数字化变革积极性，推动移动互联网、大数据、云计算、人工智能与实体经济的深度交融，放宽融合性产品和业务准入门槛，扩大市场主体平等进入范围，不断释放政策红利，以政策促变革，以变革增效益。

第二，着力降低成本，提升实体企业数字化转型效果。降成本是数字化变革业绩提升的有效路径之一。在实体企业尚未全面转型之前，有必要持续推进"三去一降一补"，化解实体企业数字化变革压力，为降本减负提供良好的外部环境。实体企业要深刻认识到降本路径对企业数字化转型效益实现的重要作用，充分利用数字化洞悉市场信息，去除不必要的中间环节，优化内部流程与资源配置，提高快速响应客户需求的能力，通过降低交易成本和运营成本实现经济效益的提升。

第三，推动提质增效，实现企业数字化变革业绩增长。数字化变革过程中，基于大数据形成的运营效率优势，成为业绩提升的新引擎。要持续推进数据要素市场化配置，加快财税、金融等制度改革，形成有利于实体企业提质增效的数字生态系统，为数字化变革企业业绩提升提供良好的条件。实体企业要紧抓数字化转型机遇，深入挖掘大数据的价值，利用数据信息的集成共享特征重构内部业务组合、协同方式和管理层级，探寻专业化、轻量化运营，强化供给质量与效率，以此更好地促进业绩增长。

第四，强化创新驱动，助力数字化变革企业高质量发展。创新作为数字化转型的关键动力，是实体企业新旧动能转换并迈向高质量发展阶段的重要举措。我国应加快建立以信息技术为基础、实体企业为主体、市场为导向的创新体系，推动先进数字技术拓展与应用，实现以中国数字技术驱动"数字中国"建设。同时，数字化变革企业要积极利用数字技术和跨界融合培育新产品、新业态、新动能，探索要素驱动向创新驱动转变之路，打破生产要素配置扭曲障碍，增强数据价值创造，通过改革创新，走在高质量发展前列。

第三节　数字经济下地方金融业转型升级

一、对数字经济背景及发展趋势的认识

我国正处于经济结构转型升级和世界新一轮技术革命的交会时期，资源驱动经济发展的道路已经行不通，经济发展亟待顺应时代潮流。以计算机技术为基础、数字技术为代表的新业态跃上时代舞台。随着数据价值的大幅提升和技术的不断创新，数字经济作为一种新的经济形态，已经成为经济增长的主要动力源泉，成为转型升级的重要驱动力，也是全球新一轮产业竞争的制高点。一方面，中央和各级地方政府持续推出一系列支持政策和措施大力推进数字经济发展；另一方面，各企业也在不断创新数字技术、推广普及应用。

近年来，移动互联网、大数据、云计算、物联网、人工智能等信息技术的突破和融合发展，促进了数字经济的快速发展。以互联网为代表的数字技术正在加速与经济社会各领域深度融合，已经成为引领经济社会发展的先导力量，也成为后金融危机时代推动经济社会转型、培育新经济动能、构筑竞争新优势

的重要抓手。以"BATJ"为代表的互联网巨头依托强大的技术积累及多年的场景打造，正在逐步改变着金融生态环境，传统金融业态采用单点模式做公司业务的模式将难以长久持续。因此，抢占数字经济的高地，打造依托"大数据场景（产业）+金融科技风控"的产融协同、相互赋能的竞争实力，谋求转型发展，显得异常迫切。

数字经济时代，社会经济正处于深度转型期。全球产业集中度不断提升，如制造业、钢铁、能源、交通、医药等都在集中，产业迅速升级，行业分工细化，产业链正在拉长，产业链之间又嵌入供应链，这已经改变了企业的竞争形势和态势。现代企业的竞争不再是企业与企业的竞争，而是产业链、生态圈和数据链的竞争。面对数字经济快速发展的大潮流，各大型央企、金融集团迅速应对，积极探索数字化转型升级。中信集团与腾讯共同推进区块链、人工智能、云计算和大数据等技术领域的战略合作，探索实体产业的数字化转型升级路径，以区块链作为底层技术帮助中信集团打通旗下各产业。各大银行集团加快推动建设"数据驱动型新金融"，以大数据驱动支撑，深度改变了客户选择、风险管理、产品设计、精准营销、资源配置和结构调整模式，极大提高了运营效率。如花旗银行亚太地区，近年来有25%的利润来自数据挖掘；汇丰银行通过数据挖掘，使贷款产品响应率提高了5倍。

二、当前金融业在数字化浪潮中面临的困局和问题

（一）从资产端来看

资产的形成缺乏顶层政策及行业指引。目前，资金投向基本缺乏信贷政策及行业指引，主要基于经验和未必完全真实的财务数据，缺乏透视行业趋势和客户生命周期的战略研究支持等，对未来的风险难以预知，无法计量真实的风险成本。

（二）从资金端来看

资金来源单一，融资难度加大。金融业态资金主要来自银行，但目前银行各项存款增长乏力甚至面临萎缩，还面临上百万亿级期限错配的资管计划回表压力，未来流动性吃紧成必然趋势。资金市场规模受限、价格上涨、ABS 没有资金对接、债券违约等现象频繁出现。地方金融资产、收入及利润规模较小，信用评级较低，导致其融资渠道窄、融资能力受限。

（三）从风险控制端来看

以资本风险成本为基础的风险定价机制有待建立，核心风控能力建成尚需时日。通过调研发现，绝大多数地方金控和中小城商行基本没有构建计量资本风险成本 RAROC 的全面风险价值控制和考核体系，目前开展的风险体系建设，缺乏历史违约数据积淀和导入，如不搭建全面管理系统引入外部数据，也可能面临有骨无肉的尴尬。尤其是随着各业态的发展和大数据智能风控的广泛应用，以科技赋能的智能风控体系的建立已迫在眉睫。

（四）从竞争态势端来看

差异化定位的核心竞争力还未形成。大型银行集团和股份制银行为生存发展，以风控优势进行客户结构的深度调整，加大对可选资产的深度穿透，将进一步挤压以资产业务为主的传统业态的生存空间；考虑到传统金融高定价以及与银行错位经营的特点，其仍以传统方式继续发展，必走向风险更大的领域，也将对风控能力提出新的更高的挑战。此外，资产及用户获得渠道单一、狭窄，业务突破式发展遭遇瓶颈，金融科技应用尚浅，对利用互联网新兴技术实现向普惠金融市场转型的认识有待加强。

三、对数字经济下金融业发展的建议和意见

信息科技的发展与金融的广泛融合，极大地改造了传统金融，使得传统金

融行业在获客渠道、定价管理、风险管理、商业模式上发生了重大变化，甚至是颠覆性的改变，这也将是当前金融业差异化定位和转型升级的重要手段，尤其是地方金融业要主动加快金融科技布局，以消费金融、小微金融和供应链金融为抓手，打造"应用场景＋金融科技"生态圈，借助大数据、智能风控、物联网、区块链等新技术，通过"调整"推动发展格局优化、发展动力转换、发展空间拓展，实现行稳致远。

（一）数字产业化构建场景风控平台

在数字化产业中选取金融科技公司基于金融涉及"客户、资金、风控、产品"四大关键要素，将立足于在"数字产业化"中选取优势金融科技公司，以"场景（客户）＋风控＝数字资产"对接资金端搭建合作平台。

（二）产业数字化构建数字化资产对接资金端

以"数字产业化"推动"产业数字化"，将传统产业多层供应链体系进行"四流合一"数字化整合，实现流程可视、风险可视的风控闭环；以数字化的底层资产对接资金端，构建新金融生态环境价值管理闭环。

（三）建设加快普惠金融扩容布局

随着各地数字政务建设的不断推进，逐步获取大量权威的政府及公共事业单位性质数据，并不断向前端场景进行延伸，具有数据权威和场景牵引优势。可围绕电子证照、法人库、个人库、信用库等数据金矿，搭建普惠金融基础设施服务平台，支持垂直细分行业新金融业务创新与孵化，推进小贷、担保、融资租赁、小微金融等业态融合，利用智慧城市建设的交通、医疗、旅游、文化、教育等多个领域推进"场景＋金融"创新服务，共同打造智慧金融服务体系，带动传统金融业态的转型。

（四）加快供应链金融的转型准备和布局

银行业虽经过了半个多世纪的发展，但由于风控理念和模式对该领域的限制，对供应链金融渗透率不到 20%，仍有 80% 的广袤市场空间；且在 2009 到 2014 年金融危机期间，全球金融机构大批倒闭，供应链金融总规模逆势增长将近一倍，增速达到同期 GDP 增速的四倍。

（五）推进消费金融公司的设立

我国经济已经从高速增长阶段转向高质量发展阶段，消费成为拉动经济增长的最重要的部分。事实上，在过去几年里，我国的零售销售额以两位数的速度增长。我国经济的韧性源于消费者尚未被满足的需求。更重要的是，我国的消费升级是一个长期的趋势，不太可能因为利率上升而偏离轨道，因此，可加快设立消费金融公司。

（六）加快金融科技实力和金融科技风控能力打造步伐

全面对金融科技进行探索，加强与有较强技术实力和运营经验的金融科技公司开展业务合作、场景合作、技术合作，增强核心竞争力。统筹进行金融板块业务系统架构设计，实现前中后台的集成、协同与交互。首先，通过建立统一的数据集市仓、统一的客户身份管理平台和经营分析数据库，实现个人、企业及其他客户组织在整个金融板块的数据共享、调用以及全息画像管理。其次，建立全面风险管理平台、资产路由分发平台和协同营销管理平台，实现全生命周期的资产审查与风险预警，打通各金融业态系统之间的协同交叉营销，以及与资金端的智能化无缝对接。最后，后端打通与 ERP 之间各类数据交互，前端打通与各业务渠道平台交互，建立统一的 API 接口调用。

着手推进风险管理信息系统建设，推动以全面风险管理体系为核心的信息化风控能力建设。借鉴风险管理方面的优秀经验做法，借助金融科技在风险管理方面的成熟技术，结合地方金融发展的需要，研究建立覆盖各业态的风险管理数据库、风险管理信息系统等基础设施，由"人防"转向"机防"；完善风险管理治理架构、风险管理制度及流程体系，实现全流程管控目标；搭建风险偏好体系并建立向下属金融业态传导机制，实现风险偏好组合管理。

四、传统金融企业数字化转型升级策略

（一）传统金融企业数字化转型升级中存在的问题

随着现代金融企业数字化转型的不断升级，线上平台的用户数进一步增长，对企业现有的很多基础系统架构，如中后台综合管理平台、前台营销管理平台、信息发布平台等都提出了挑战。这在存储系统方面以及数据传输处理等方面尤为突出。首先，企业线上平台所接收的、需要存储的数据是直接由用户生成的，而不再是由中后台人员手工提供。随着客户的增长，用户产生的数据量也在增加，这就对系统支持的数据量提出了更高的要求，进而对底层存储系统的可扩展性提出了越来越高的要求。其次，随着移动互联网用户的增多，客户在线时间大大增加，这对企业线上服务的可用性、持续性、稳定性等都提出了更高的要求，任何时刻服务一旦"宕机"，对客户所造成的影响无论是广度还是深度都非比寻常。最后，客户对服务体验的要求也越来越高，用户体验的一个非常重要的影响因素便是响应时间。在现实的实践中，由于数据传输和更新的不及时、信息的不对称，甚至是由各种原因造成的数据脱漏、白屏、无响应等事故频发，因而底层存储系统响应时间的及时性、响应数据的准确性、响应信息的防御性和抗干扰性在提升顾客的服务体验中都非常关键，是重中之重。

（二）传统金融企业数字化转型升级的创新对策

以下就现代金融企业数字化转型的现状，如何能更快、更好地解决以上种种问题提出几种解决办法，以供不同阶段下的不同情况采取单项或多项方法，

针对实际问题，制定切实可行的解决方案。

1. 将现有数据分库分表，引入分布式关系型数据库

很多企业现有的系统、平台、应用，在开发初期，出于开发效率的考虑，往往不太考虑系统的可扩展性，尤其是底层存储系统，比如数据存储，大多采用类似 MySQL 的关系型数据库。这在中国开始发展的阶段是能够满足需求的，但随着数据量的级数增长，扩展性的问题则变得越来越突出。由于传统的关系数据库是直线式的设计思路，而现有的数据模型通常是复杂的，这使得其很难迁移到许多 NoSQL 产品（如键 / 值系统）上。

而阿里的 OceanBase 分布式生产关系型数据库在设计的时候便考虑了以上的问题，它兼顾了 NoSQL 存储管理系统的可扩展性和传统社会关系型数据库在数据进行结构表达上的便利性，为解决以上问题提供了一种新的思路。

OceanBase 系统主要由 5 个部分组成：用于维护系统元数据的 rootserver（数据元素中心）、用于服务更新操作的更新服务器（Data Upgrading Center）、用于存储静态数据的 chunkserver（数据模块中心）、用于服务查询请求的合并服务器（Data Fusion Center）和为应用提供服务接口的客户端。与之前的数据库相比，OceanBase 最显著的特点是，在 OceanBase 中，我们通常可以存储和管理多个系统备份，这些信息备份会分布在不同的 Chunkserver 上，因此单个 Chunkserver "宕机"不会对其自身和整个系统的可用性造成影响。

目前，OceanBase 已在多家机构进行落地应用，包括中国工商银行、山东移动、福建移动、数字江西、人民保险、人保健康、天津商业银行、西安交通银行、常熟农商行、苏州农业银行、东莞银行等。

当然，当今市场上分布式关系型数据库远不止 OceanBase 一家，例如，交通银行采用联合大学研发方式，采用华东师范大学和西北工业大学联合开发的分布式数据库 CBase；中信银行与中兴通讯技术联合研发了 GoldenDB，并将其作为核心企业业务管理系统，并在 2020 年 5 月正式开始上线切换到

GoldenDB。核心企业业务管理系统是银行进行业务的心脏，其稳定发展运行无疑为其他商业银行树立了标杆，客观上加速了分布式数据库的普及；而光大则采用双向发展策略，即可以同时使用 NewSQL 和子数据库子表方案：在网上支付系统中，光大银行采用自主研发的子库 + 子表方案；同时在新一代财富管理系统平台则选择了 NewSQL 数据库，也就是 TiDB。

当前，除了自主研发数据库这条路，另外可以租赁云数据库。云数据库的好处是即买即用，拿阿里云为例，它提供非常完善全面的不同类型、运用于不同场景的数据库、不同的数据库工具，甚至为金融企业量身定制的金融解决方案。租金和租赁期限，甚或是租赁方案可以与阿里的专家咨询、协商和沟通。

当然，随着业务量和数据量的增长，数据库的费用也会水涨船高，这也就是某些企业选择自主开发的原因之一。总之，在数据库选择上，没有最好的数据库，只有最适合业务的数据库。

2. 建立数据分析管理中心

在假设企业数据库已基本完善的情况下，随着网络建设的不断发展，对于任何一个企业来说，建立一个数据分析管理协调中心（以下简称"数据中心"）变得越来越重要。企业数据库越来越庞大，企业发展对于数据信息中心的依赖性也会越来越强，对于数据分析、管理、协调的要求也会越来越高。

（1）数据中心的作用

与以往人们所理解的拥有机房、多台服务器等存储设备、交换设备的银行数据中心不同，我们所需建设的"数据分析管理协调中心"仅是针对前述中的数据库而言的，是前述数据库的上层架构。该数据中心的作用包括：对数据库中的基础数据进行监控、运行保障、故障防范、预警与排除，同时也可根据不同需求对各类数据进行科学整合，或是更进一步地分析和研究、综合整理成研究报告，从而建立一个虚拟的资源环境，为市场开拓与定位、营销管理等打下基础。另外，数据中心还可以从性能和流量的角度进行业务的监控和优化，从而实现企业数字化的进一步提升与深化。

（2）数据中心的建设与发展

虚拟资源的监控、部署和迁移将推动数据中心管理平台的新变革。但是就目前来说，很多企业的数字化转型还不够完善，还有较大的发展空间。未来数据信息中心需要我们提供更为虚拟化、自动化的云管理系统方案。 所谓的云管理其实也是数据中心的管理形式，是对资源一个虚拟化、自动化、整合的过程，随着未来新的下层架构平台不断地产生以及源源不绝的数据洪流，我们所设想的数据中心采用面向服务架构的设计思路，将对管理资源、业务以及运维进行科学的融合，提高工作效率，为企业各种关键业务提供支撑。

尤其值得一提的是，数据中心在运维方面的作用需进一步加强，甚至成为其重要职能的一部分，引入运维管理，结合企业内部工作人员、技术、流程等条件，通过网络用户信息服务发展平台、资源库、数据库等工具， 对常见故障处理流程和配置变更流程进行梳理和固化，加强服务响应能力，及时总结相关知识经验，并能提供可控、可审计、可度量的运维管理方案。

综上所述， 数据信息中心的管理需要从整合企业资源入手。

（3）数据中心人员要求

数据中心的工作人员包括技术人员、管理人员、维护和运营人员等多个部门和工种。工作人员作为一个企业信息管理和技术的主体对于数据中心的正常运行具有非常重要的意义，他能够直接保障和促进数据中心的稳定运行。因此，作为一项技术性很强的工作，数据中心要求员工具备更高的素质和专业技能。只有工作管理人员的素质得到保证，才能避免影响数据操作的运行效率和安全性。另外，由于信息、数据、资料等的保密性，所以对于数据中心的工作人员的责任心及风险防范意识也提出了更高要求。而且由于数据中心管理工作量大，数据中心人员必须有足够的休息时间，避免疲劳导致的错误，也避免由于操作风险造成数据的丢失或者事故、故障。

3. 区块链技术的运用和发展

区块链技术由于是通过重构信用形成机制，从而可以让金融产品更透明、更低成本、更高效率、更安全，甚至是更自由地为用户提供服务，会对当前的金融体系产生"质"的影响。

区块链是数据共享的新模式，它具有去中心化、开源、透明化等特点。区块链技术还节省了金融服务场景中，多方面的信息不对称问题导致的如数据传输、结算对账、人工核实等额外工作开销，从而能够有效降低公司资金使用成本和系统性风险。在区块链框架下，监管部门可以直接共享交易账簿，在不影响原有交易流程的情况下，实现对目标数据的实时或准实时采集，从而省去了监管材料重新报送的环节。对于某些关键信息领域，监管部门能够通过直接旁观整个业务流程的具体实现过程，实现事中监管。

此外，传统的金融模式以交易所或银行等金融机构为中心。区块链在点对点网络信息技术上由许多分布式节点和计算机应用服务器来支撑，任何一部分出现一些问题都不会影响整体区块链的管理运作，而且对于每个节点都保存有区块链数据副本。因此，区块链具有内置的业务连续性和高可靠性及容错性。

第四节　数字化背景下出版企业经济的发展

一、出版产业的最新变化

（一）数字出版产业的问题

数字化的出现给我国多个行业带来了巨大的改变，而出版业更是为此进行了较大的改革。数字出版就是在数字化背景下诞生的。数字出版一经出现，占取了大部分的市场份额，为其快速发展打下了良好的基础。苹果、谷歌等各大网站也纷纷看好数字出版，并推出了自家的数字产品。其中，亚马逊、谷歌虽然强势推出产品，但是也降低了一定的市场份额，为其他的数字出版行业创造了机会，这也使广大的用户有了更多与更好的选择。在这种双赢的局面下，更是在这种良性合作的促进下，全球的数字出版迎来了自己的春天。我国的数字出版行业也抓住了这次机会，每年稳定增长的营业额，似乎预示着我国数字出版产业的未来走向。

（二）现存问题探究

现今，数字化背景下的出版行业虽然取得了较好的发展，但也存在一定的弊端。首先，关于版权管理的问题。现今，数字出版的主要难题就是版权管理。网络的开放与流通，信息的及时性，很多人在网络论坛、板块上的观点与文章得到了迅速的转载，导致作者无法保证文字版权，给整个数字出版行业带来了很大的冲击，其规范性更受到了挑战。另外，很多网络平台就是利用转发和盗版来获取内容资源，这类网站数量众多，管理难度直线增加。其次是创新力度不够。数字化出版行业还面临一个大难题就是创新力度不够。在现今的数字化时代，人们对创新和新颖知识的渴望更为强烈。但是，现如今众多出版社并没有意识到人们对文化精神的渴望，很多内容基本相同，没有一点创新意识。最后，价值观的偏离化。传统出版文学都是精挑细选，特别是青少年文学，其表现的价值观更是为了引导当代青少年的正确发展，但是网络文学有部分作品更是偏离了正确导向。现今，很多网络文学宣传一些黑暗、暴力等内容，对青少年的内心产生了很大的影响，更是对整个数字出版的经济发展产生了影响。因此，出版市场需要树立正确的价值导向，此时，选择合理的数字文化产品就显得至关重要了。

二、出版产业应对数字化影响的措施解析

毋庸置疑，数字出版的出现改变了整个出版行业的格局，出版行业也因此做出了一系列的变革与调整。显然，数字化的出现对于出版行业的影响是至关重要的。针对这种情况，出版行业应该适应其发展，做出有效调整，主动抓住机遇，以确保自身经济可持续发展。首先，从整体来说，建立完整的出版产业的生态系统。生态系统是每个行业中所不可或缺的，其生态理念更是适应其各个方面，特别是在良性的市场中，经济发展更是迅猛向前。生态理念主要是通过自然系统的情况根据物质能量循环构建出版产业的系统，确保其转型的成功与最大化。其次，从传统的出版行业角度来看，数字出版的出现对传统的出版造成了不小的冲击与影响，因此对其传统进行革新是必然的趋势。数字出版的出现直接占据了巨大的市场份额，传统出版商需要进行有效调整，通过努力提升自身内容来获得广大用户的认可，提高自身的竞争力，若依旧保持原本观点与理念则很容易被淘汰。特别是在经济快速的发展中，越来越多的传统出版商因无法适应其发展，最终离开了这个舞台。再次，从数字出版的创新角度来说，新型的出版方式需要广大用户的口碑来营造一个良好的发展环境。目前，数字化出版虽然拥有网络的优势，但是也有网络自身的劣势，这使得对其整体的管理难度加大了许多。特别是现今的数字出版，其内容与形式的老旧，创新的不足，甚至盗版的泛滥，都需要出版业的相关部门加强管理，以形成良好的市场秩序。因此，只有树立正确的价值观，传播正确的思想与理念，才能确保数字出版的经济可持续发展。

三、数字化背景下出版业的未来发展模式

其实，虽然数字出版已经代替了部分传统出版，但是无法全部代替，出版业的未来发展格局肯定也是由传统出版和数字出版两种共同构建的。这两者都

无法互相代替却又相辅相成，共同构建一个良性的出版产业。因此，构建一个经济可持续发展的数字出版就需要双方的共同努力，其措施主要体现在以下几个方面。

（一）构建产业生态，加强监督管理

传统的出版与数字出版其最大的区别就是版权问题。传统出版的版权问题，很容易查清责任方，盗版的行为更是会受到严重的制裁。而数字出版由于整个网络的开放性与混乱性，使得盗版行为频繁发生。其实，无论怎样出版内容与形式都应以创新至上，只有保护好著作者的权益，才能使其不断创造出新的内容，也才有利于促进整个出版业的可持续发展。

（二）完善产业链，打造低碳经济

完善数字化产业链条，形成低碳经济的数字化产业是确保数字出版发展的有效做法。数字出版产业的链条其实是产业生态下的一个部分，包含了技术、运营、内容等各个方面，将其整合成一条完整有机的链条行业，可以给广大用户最佳的体验。与此同时，数字出版产业链条的完善与成熟是依靠整个行业发展的，无法单独形成，这也是数字出版的一大优势。传统出版的产业链就是极其模糊的，虽然依旧会选择一些固定作者，但是在双方洽谈中浪费了许多时间，导致其进度较慢。针对这个弊端，数字化出版就采用了授权要约的模式，其效益得到了显著提高。另外，低碳经济也是目前数字化出版发展研究的一大热点，而数字出版自身就是以低碳形式出现，更是符合了我国未来的发展方向。

（三）科学行业规范，完善法律法规

数字出版对行业规范和法律法规的完善需求是必不可缺的。数字出版与传统出版的不同之处就是数字出版存在于网络之中，借助网络平台，使信息流通和开放更加迅速，具有即时性。但是，这种流通也造成了管理的困难。有些数字作品传递了一些暴力、黄色等信息，很多用户可能会无意间接触到，这对整个出版行业的市场氛围都造成了不良影响。因此，这些现象的出现需要引起出版行业的高度重视，加大其引导与规范，甚至在必要的时候由国家适用法律来实施强制性规范。与此同时，广大用户在对待一些网络信息时要做到科学合理地应用、多传播一些健康与积极的理念与观念，共同创造一个良好的出版市场环境。

（四）强调创新内容，同时创新形式

无论是对于传统出版还是数字出版来说，创新的内容与形式是其根本。因此，数字出版更要做到内容与形式的双创新。对其内容创新不用多说，但是在形式创新方面，更要利用网络媒介的多样性和丰富化，形成其网络优势，使其内容可通过多种方式来进行传播。例如，可以通过微博、知乎、贴吧等论坛与平台，来丰富自己的数字化出版，促进经济的可持续发展。

综上所述，我国数字出版经历了一个曲折复杂的过程，在快速发展的过程中面临着许多挑战。信息时代的数字化大背景在很好地帮助我国数字出版重新构建与革新的同时，也激励了传统出版的发展。

四、传统出版企业数字化转型升级策略

（一）出版企业数字化转型的必要性

1. 是落实"十四五"规划数字化转型战略部署的需要

面向国家"十四五"数字战略，各省市也陆续发布相关的政策文件，加快推进数字化技术在各领域的广泛应用，并在文化领域为新业态、新模式（电商物流、数字文娱）、数字融合（出版、影视、藏品、电竞、视听）、数字生活（VR+智慧教育、沉浸式文化体验、数字展馆）指明了具体的发展方向。因此，

出版企业数字化转型响应了国家"十四五"规划的号召，是未来高质量发展的必由之路。

2. 是重塑业态、化危为机的迫切需要

数字时代催生了新的消费需求和消费习惯，出版行业在内容、产品、渠道、营销、产业融合等方面面临严峻挑战。在阅读习惯上，大众倾向于篇幅短小、更新速度快、碎片化的数字阅读；在媒体形态上，出版内容向富媒体、跨平台方向发展，大众分流到各个渠道；在传播渠道上，互联网短视频、直播的火爆，对纸质书、印刷厂、实体书店等造成了一定的影响。数字化转型为上述问题提供了新的解决途径和解决方案。

3. 是数字化时代履行文化教育责任的需要

出版行业作为知识生产、文化传播产业的核心，需要适应数字时代舆论生态、文化业态、传播形态的深刻变化，应注重利用新型传播手段，打造相应的文化教育精品项目，以用户为中心，加大全媒体运营推广力度，提高优质出版内容的到达率、阅读率和影响力，并在文明发展和社会文化传播过程中发挥优势，承担起新时代文化传播的责任。

（二）传统出版企业数字化转型的挑战

1. 整体规划相对欠缺

首先，传统出版行业对新技术理解不够深入，难以将新技术与自身结合。数字技术日新月异，一些传统出版行业从业者难以全面了解数字化、新技术与出版行业、企业的结合点，对出版行业的数字化转型只有宏观概念，只知道大致的实施方法，难以辨别、判断数字化转型的具体方向，导致在试点开展的项目数字化场景不够丰富，存在一定的生搬硬套现象，进而造成项目失败、系统不兼容、推广落地难以达到预期的局面。

其次，业务流程固化，数字化转型难度高。多年来，传统出版业务的运转

依赖单一、串联流程，出版企业不同业务单元开展工作时相对独立，存在编辑效能低、印刷协调管理能力弱、发行管理难、供应机制不健全等问题，在人力、物力、财力、业务流程等方面存在重复建设、资源浪费，且难以及时响应市场需求的问题。与数字化转型需要以市场洞察指导产品开发，以数据驱动运营，不断迭代优化成果的营销模式存在差距。

最后，企业内部组织分立，缺少顶层设计，统筹规划有待完善。出版企业拥有多条业务线，涵盖多个事业部、区域市场，不同出版企业的战略定位、组织架构、管理机制等都有所差异。各级组织在单独进行数字化转型时可能会存在整体上缺少统一规划、能力难以沉淀复用、资源协同性较差的问题，容易导致重复建设、定位模糊。

2. 效益价值不易衡量

首先，不少出版企业的数字化建设以局部尝试为主，信息分散，商业模式模糊。当前，出版企业已布局电商，在渠道、分销、物流等层面开展运营，取得了一定的效果。有的出版企业尝试开发数字产品，以电子书、有声书为主，但和新技术融合的多元化数字产品开发效果不明显。总体来看，多数出版企业数字化试点缺乏顶层规划，产品形态、应用场景和商业模式不清晰，企业内部呈现单点尝试，造成虽然企业在系统建设方面投入大，但着力点分散，没有标准化、统一化的指导规范，资源无法整合共享，企业的优势不能得到充分发挥。

其次，缺乏系统化运营、全渠道营销，未建立长期收益机制。当前，出版企业在数字化运营中存在如下问题：在有声书等数字资源运营方面，没有建立有效的运营模式；在教育技术服务项目、教育产品运营方面，缺乏对用户数据的有效分析和使用，用户群不固定，缺乏持续稳定的盈利模式；在平台类产品如学习网站的运营方面，虽然拥有大量用户，产品也具有很强的权威性和吸引力，但盈利效果不理想。

最后，流通渠道建设不全面。虽然多数出版企业建设了线上渠道，但多为与第三方平台合作。一些出版企业没有完成数据对接工作，缺乏掌控渠道的能力，鲜少通过渠道直接触达用户，缺乏对市场的洞察研究，无法及时接收用户反馈。一些出版企业对营销访问率、用户数等缺少关注，缺乏完整的评估框架和评价标准，未形成供应链上的系统化运营。出版行业涉及上游内容提供、印刷、出版物资供应，中游图书出版、期刊报纸出版，下游出版物发行、零售等，如果出版企业在数字化建设中未能考虑整个供应链的运营协同，则可能导致数字化建设效率较低。

3. 保障机制不健全

首先，组织战略不清晰。组织战略作为企业发展的蓝图，指导企业生产经营和持续稳定发展，同时也为企业数字化转型提供重要保障。数字化转型是出版企业发展的必经之路，因其全局性、长远性、竞争性的特点，要求出版企业必须从整体战略规划、组织战略规划的角度，为数字化转型提供全面支撑。

其次，制度保障不完善。出版企业数字化建设配套的人才管理、信息标准、安全规范、运维保障等制度相对滞后，数字化相关岗位晋升机制不健全，数字化建设未被纳入职称评聘、考核机制工作中。此外，出版企业缺乏相应的激励体制和系统性、实用性能力培训及人才交流机制，未形成完善的数据质量、信息标准，相关工作人员对数据规范性、有效性的意识有待提高。

最后，人才梯队建设不够健全。虽然出版企业成立了信息中心等相关部门，但没有开展从上至下、横向协同的架构设计，没有建设相应的能力模型，缺乏明晰的岗位设置和工作职责分配。且在实际工作中，外部引入的数字化人才、新媒体人才多来自信息技术、互联网、运营等相关行业，熟悉数字化相关技术，但对出版行业的核心价值、传播导向、政治意识有待提高。而传统出版行业从业人员虽然熟悉本行业，但对新技术、数字出版、项目管理、用户营销等认识不够全面。

（三）传统出版企业数字化转型的方向与建议

1.明晰数字化概念，进行战略设计和流程再造

（1）对接国家、地区战略，结合企业实际，完成战略顶层设计

出版行业是文化和科技融合的产业，出版企业在制订企业战略过程中必须对接国家战略，结合地区重点发展方向和产业链成熟度，立足出版企业实际信息化建设水平进行整体布局。出版企业应从业务分析入手，调研宏观环境、行业趋势、市场需要、竞争态势，分析自身资源及优劣势，制订全盘行动路线图，形成战略目标、定位和重点方向，拆解各项策略实施计划，制订风险应对措施，做到上下一致。

（2）推进出版流程再造

出版企业在出版流程再造的过程中需要突破传统观念，结合企业定位、企业架构和管理机制，以内容为核心，结合市场进行选题策划、写作加工，增加产品的多样性，在营销发行环节拓展传播渠道，形成以用户为中心、多渠道融合的服务模式，助推移动阅读、在线教育、知识服务、按需印刷、电子商务等商业模式的实现。同时，出版流程再造应遵循一致的数据标准与合理的指标体系，统一管理元数据，实现元数据的跨平台共享，从根本上实现流程再造，避免重复工作。

（3）加强与专业咨询机构、技术厂商合作

出版企业数字化转型需要的是脱胎换骨的改革。在转型初期，出版企业需要向外看，与数字化转型咨询、技术、产品等机构及专业人才开展长期深度合作，创新商业模式，最终实现自身能力的升级。

2.平衡主营业务与数字化新业务

（1）利用数字化转型实现主营业务增长

出版的主营业务是内容的生产和传播。出版企业在数字化转型过程中应从

以下方面着手：开发数字化产品，实现业务数字化；围绕用户打造平台，实现用户数字化；汇聚复用各渠道数据，打通线上线下平台，实现营销数字化。

一是产品数字化。当前，"纸电声＋知识服务＋软硬件"的阅读全生态平台是用户的首选阅读工具。出版企业应加强原创内容建设，在提升纸质图书品质的同时，助力数字产品发展。在数字产品开发层面，出版企业应建立整体层面的数字产品分类，引入数字化产品项目管理方法，搭建围绕产品全生命周期的运营体系和执行策略。在培养编辑产品意识层面，出版企业可以推动编辑向产品经理转变，为产品数字化提供保障。

二是用户数字化。出版企业应建立统一用户体系和管理平台，构建360度全方位用户画像，围绕终身教育等具有社会效应的常态活动和主题活动，以用户为中心开展运营。如搭建用户忠诚度体系，打造社会公益价值和用户权益等持续化运营工具；推动渠道数字化，形成线上线下双循环，具体做法为升级传统渠道（新华书店、社区书店、时尚阅读空间），发展数字渠道（三方平台、自有平台、新媒体矩阵），建设to B（书商、分销商）与to G（图书馆、学校、机关团体、企事业单位）平台，强化全渠道建设与运营（实体书店引流线上电商、线上用户发放图书券引流线下，全域流量共享实现精准运营服务），促进重点产品市场转化。

三是营销数字化。出版企业应建立相应的营销策略，考虑不同渠道的统一性和差异性，通过精细化产品运营形成产品画像，实现"从人找书到书找人"的精准化、个性化营销。

（2）实现企业运营的标准化、线上化、智能化

主营业务增长离不开高效、科学的企业运营管理，出版企业可通过产业链数字化、管理数字化、决策数字化，为内部运营提供数据资产服务，提升管理效能。

一是产业链数字化。出版企业应升级业务流、资金流、信息流，制订全产

业链流程和标准，搭建数据中台，优化供应链管理和物流建设。如持续提高渠道运营、物流配送和技术支撑等能力，推进供应链管理升级，完善图书仓库物流体系，全面建成各区域核心仓储，满足高速增长的仓储和物流配套需求；建设出版物智慧物流产业园，加速智能化图书发行物流产业发展，如结合存储货架、无人 AGV 搬运、货到人分拣系统、滑块式自动分拣系统等技术，形成从新华书店到运营调度中心的全流程管理，建设以现代化、数字化、网络化为特征的快速物流服务体系，加快形成适应未来市场需要、线上线下一体化的出版物流供应链；打造 5G+MEC 智慧云工业互联网平台，拓展"印刷 +""智能 +"，利用 5G、MEC 边缘计算技术，建设生产控制塔，实现自动化生产线、设备数据采集系统、智能检测设备等数据的互联互通，同时，将采集数据接入 MES 和 ERP，监控生产过程，实现设备自动化、生产透明化、管理移动化，打通制造环节的生产价值链条，实现生产效益、综合效益、创新能力的提升。

二是管理数字化。出版企业应搭建整合人力、财务、业务、项目管理、投资管理、党建、审计等的系统或平台，实现组织、管理、协同在线，保证企业管理无断点，线上线下一致。出版企业针对自身特点，可建设统一门户，完成办公、业务系统、流程、数据的汇聚，在移动端互联员工，让员工及时获取信息并对信息作出快速反馈，从而提升工作效率。此外，出版企业可同时打造企业专属的协同办公平台，服务协同办公的全域场景，助力企业数字化的运营与管理。

三是决策数字化。出版企业不仅要构建数据治理体系，完善指标管理体系，建立企业管理驾驶舱，聚合内外部关键数据，辅助管理层、中层、基层决策，还要提升运营分析能力，促进出版业务和管理体系优化。

（3）统筹资源优势，将数字化新业务打造为第二增长曲线

出版企业要发挥数字化平台的带动效应，如建设创新孵化机制。在内部层面，出版企业应针对内部的创投部门设置专项基金，设立相应的规范和管理体

系，建立创新团队和协作机制。在外部层面，出版企业应联合政府、高校、研究院和互联网合作伙伴，建立内外联合的创新中心，打通内外部资源并引入行业领先技术，建设常态化合作机制，实现传统行业突破式、裂变式的转型和发展，打造第二增长曲线。

3. 与外部生态产业链融合

目前，产业链与外部生态的不同环节都在探索互联网的创新模式。出版行业作为其中一环，需要促进外部生态与产业链融合。一方面，出版企业需要深刻理解上下游、外部生态供应端和需求端；另一方面，出版企业可与已经介入的产业合作，辅以产业数据平台建设能力，与互联网行业、电影电视、广告行业、游戏、在线教育、动漫、音乐、文旅、商圈地产、景点融合，形成新业态。如与政府、学校、学术机构合作，打造在线知识平台、职业平台、文化教育平台，探索知识付费场景，平衡社会效益和经济效益，投身于终身学习的服务工作；与文旅、商圈、地产合作，将企业旗下的实体书店融入社区、学校、图书馆、超市、机场、影院等，使书店向多功能综合性文化服务场所转变，拓展服务空间，打造城市记忆里的文化符号、旅游的网红美学地标、商场里的亲子共读空间，开拓以文化创意为核心的复合经营模式；与版权管理部门合作，提供区块链版权服务；结合区域资源和优势，搭建互动评论平台，实现内容共创，助力区域文化建设。

4. 升级组织战略，加强数字化人才建设

（1）推进组织战略升级

出版企业实现数字化转型，打造协同型、合作共生的业务模式，不仅需要调整整体格局，还要制订整体组织战略，建立数字转型协同保障机制和数字化转型评估体系。同时，其应搭建适合企业发展的架构模型。在组织战略的指导下，出版企业应基于对边界、协作定义的清晰认知，建立多层级产品开发、运营组织架构，平衡集中化、分散化组织特性，形成自上而下、统分结合、有协同、有效率的决策实施机构，有效支撑数字化转型战略的执行落地。

（2）加强数字化人才建设

在完成架构和能力模型设计的基础上，出版企业可通过完善现有业务、培养数字化人才，进行人才转化和优化，使其向数字化人才转型。出版企业也可引进数字化人才，通过数字化培训、联合共创等形式实现内外部人才的融合，加强现有核心业务人员的数字化培训。需要注意的是，出版企业在人才培养过程中配套滚动评价机制，实现动态化考察，并实施相应的绩效激励制度，能够释放企业活力。

出版行业数字化转型涉及从顶层设计、业务创新、产业链协同到运营管理等多方面的升级，虽然转型之路任重道远，但只要出版企业厘清思路、明确重点、夯实基础，必然能稳步提升，快速发展，通过数字化转型完成文化与科技的统一，实现数字化转型的跨越式发展。

第五节　数字化背景下酒店企业的发展策略

数字化技术通常所指的是运用1和0两个数字的编码，通过计算机、卫星通信和光缆等现代设备来传达、输送和处理所有信息技术。本节主要从狭义的计算机技术的角度来阐述数字化管理技术。狭义的计算机技术是通过智能统计技术、量化管理技术等多个管理对象的管理行为。酒店数字化管理指在酒店信息技术管理中实现计划、组织、研发、生产、销售、服务等多种职能的管理系统。

数字化管理系统是容易被从业人员学习和掌握的一门信息技术，信息技术能够客观公正地反映酒店发展的常态现象，比如：常见的酒店电子商务系统、互联网预订系统、酒店管理信息系统等，为住店客人提供个性化的数字信息服务。酒店使用数字化信息管理系统进行管理，有助于企业的服务与销售。数字化技术不仅能凸显它本身的能力水平，还能不断加强酒店应用的创新，增强酒店行业的竞争力，更好地提高酒店业的经济效益和社会效益。

一、数字化酒店在我国的发展现状

（一）数字化酒店在我国的发展状况

我国酒店业使用计算机信息技术与其他行业相比相对较晚。从 20 世纪 70 年代初至 80 年代中期信息技术模式基本成熟，功能完善，而其真正大规模应用在酒店中基本是在 20 世纪 90 年代，这时酒店中的基本财务和其他业务乃至顾客服务都会由以信息技术为核心的处理手段来完成，信息技术总体发展呈上升势头。

互联网时代下酒店业的发展历经了以下几个阶段：机械化阶段、自动化阶段、网络化阶段、协同智能化阶段。

机械化阶段，计算机系统代替了机械的手工操作系统，操作人员能利用信息技术处理重复、琐碎和简单的日常工作，信息技术提高了酒店的科学管理能力和对顾客的服务质量，同时为企业减少了劳务成本，提高了工作效率。

自动化阶段，主要体现在高标准的自控系统上，如自动排水控制系统、智能监控系统等，信息化为酒店提供了快速传递和高效运行的基础，使酒店的整体功能得到全面提升。

网络化阶段，智能型酒店的诞生，互联互通的网络营销模式成为酒店运营的重要经营手段，这种现代的网络运营方式，使服务个性化成为现实。

协同智能化阶段，随着互联网技术的快速发展，互联信息技术结构的转变，逐渐和酒店趋同的业务流程以及组织结构和管理目标之间不断融合，现已成为智能化时代的竞争手段，集成化的应用降低了企业的运营成本、提高了企业运营效率，结合 CRM、SCM、ERP 等电子信息技术，通过智能网络平台建立的信息系统与酒店主体有效连接，使酒店内外部的业务协同发展，助推了酒店业的快速发展。

（二）数字化酒店在我国发展滞后的原因

1. 管理者信息化知识和认识上的匮乏

目前，相当一部分酒店的管理者专业程度不高，认知能力不够，认为投入大量的成本购买和研发数字化信息系统，短期内见不到明显的成效且会面临成本投入上的风险，因此会故步自封或购买关联度与酒店不高的系统，从而造成更大的损失。

2. 信息技术上的局限性

对于服务行业而言，能否让顾客满意永远是企业经营的宗旨，能否使老顾客成为永久的客人，是衡量一个酒店服务的质量标准，酒店入住率的高低和经济效益是衡量一个企业整体服务优劣和生存发展的根本要素。一家酒店如果使用了信息系统也就意味着这家酒店在信息服务上的开始，目前相当多的酒店在信息技术领域上缺乏熟练的专业服务和管理人员，当系统出现问题时并不能独立完成事故的处理工作，加之作为信息技术的研发人员对酒店行业的业务缺乏深入的了解，从而导致信息技术功能与酒店需求上的错位。

3. 信息系统的不完整性

信息系统的不完整性，导致了酒店各运营部门之间使用独立的信息系统来完成部门之间的业务，如前台的预订系统、宴会的销售系统和财务的统计核算系统等都是部门独立的专业系统，只能提高自身领域的工作效率和管理职能，各系统之间在业务管理和流程上并不能完全有效地协同工作，从而降低了信息系统的高效协同作用。

二、数字化酒店建设的意义

（一）数字化酒店的品牌意义

融入数字化技术，可以将酒店的品牌与酒店自身经营管理模式相结合，彰显独特的酒店品牌文化。例如电子工牌，打造强势的品牌文化，通过在线渠道销售已经成为业界的一种常态。在拓展酒店发展的同时，数字化宣传也提高了酒店的美誉度和品牌的影响力，以及在数字化移动终端的市场占有率。将带有数字化技术的品牌进行传播，可以体现酒店整体的价值观，规范员工行为，提高顾客对于整个酒店的智能化认知，从而吸引客源，加大消费者的消费欲望。

（二）数字化酒店顾客满意度的意义

客户忠诚度是酒店以及企业对客户进行管理及数据收集的重要因素。随着数字化技术的不断加深，数字化技术的线上营销已越来越成为潮流，酒店可以利用网络提高其曝光率，增强顾客的认知度。智能的数字化为顾客提供了多元化、个性化的服务，为顾客建立属于自己的身份，使每位顾客充满归属感。忠诚客户为数字化线上营销提供了极具稳定的销售额，所以，酒店要创新产品类别，加强产品质量，重视客户投诉。此外，数字化线上营销模式具有便捷性、多元性等特点，很多网站在交易成功后会发送短信、电子邮件等来提升顾客信任感，使顾客感到安心，这也是建设数字化酒店与传统零售服务行业的差别，缩短时间，节约成本，满足顾客，提升顾客忠诚度。

（三）数字化酒店发展的意义

数字化酒店行业具有广泛性和包容性，它可以通过数字化终端服务来自其他国家不同行业的客人，甚至可以满足不同语言的人群，真正做到了包容性，并向客人提供更加个性化的服务，酒店行业本身就属于有形服务和无形服务的结合，因此将数字化信息技术与酒店服务体系相结合，必将有利于提高酒店经营管理水平以及服务水平。

三、数字化背景下我国酒店业的发展策略

（一）提升数字化技术管理和服务水平

1. 提升数字化技术，转变营销理念

随着数字化技术的迅速普及，各种新的技术平台迎合酒店需要的系统大量涌现，酒店的数字化管理系统也进入了一个快速发展时期。而这一时期也面临着诸多阻碍，主要表现在数字化建设进程的速度与客户在酒店需求上的不对等性上。存在的问题主要是酒店经营者和消费者在观念与心理上的差距，观念上的差距表现在酒店经营者认为酒店是传统的服务行业，考虑的仅仅是客房的入住率和酒店的整体销售业绩，没能从根本上理解数字化对酒店发展带来的驱动作用和潜在的市场份额。酒店是劳动密集型服务行业，IT 是技术密集型行业，不同的市场定位及属性导致了行业间的差异。酒店经营者对数字化理解上的差别和制作酒店系统的科技公司设计方案上的不同，也使得数字化技术在酒店业并没有具体的规范流程，目前国内大部分酒店的信息系统是引进国外的技术软件。在未来的市场竞争中，经营者只有提升酒店的管理理念，强化数字意识，才能在市场竞争中获得长效发展。

2. 提升服务意识和管理水平

当前在新媒体及大数据背景下，新客户群体在不断地增加并逐渐形成依赖的网络时代已经到来，与此同时，酒店业对数字化和电子商务的需求，在参与市场竞争中也就起着至关重要的作用。参与竞争的企业和管理人员的数字化技术水平，以及新媒体背景下的互联网知识能力储备水平也大幅提升，对于员工的整体自身素质和服务能力要求都更加严格，尤其酒店的一些核心部门，像前厅部、人力资源部、财务部以及收益部等，要求由更专业的人员进行信息服务

和管理，否则，一旦出现操作流程不规范时，将直接影响下一个客人的入住流程，从而降低工作效率，影响酒店的收入。当然，这种挑战不仅局限于对员工的要求，更是对于酒店自身信息系统和管理模式的严峻挑战，如何让酒店管理适应数字化酒店管理模式的发展，是当前酒店业全面发展的机遇和挑战。

（二）多维度创新，完善酒店信息系统

加快实体经济建设、科技创新、人才资源协同发展是新的业界发展目标。酒店经营者应该加强技术创新、服务产品创新、产品组合创新等多维度的创新发展模式，使产品质量和服务体系在发展过程中相互影响、相互促进、协同发展。科技创新是实体经济发展的原动力，同时实体经济的发展、转型和升级也为科技创新提供了生存的空间和土壤，使两者在产业发展过程中不断完善。

多元整合酒店系统，协同运作酒店各个部门，加强酒店薄弱环节的技术系统培训，从而将酒店自身管理模式渗透于数字化技术之中，使酒店整体趋于智能模式上的协同发展。同时，酒店在数字化移动终端下，应将实体经济与虚拟经济进行融合，扩增消费群体，改变酒店的经营模式。新背景下酒店应赋予产品更多的展示、体验等诸多功能，如智能 e 房、智能点菜以及智能服务等酒店产品的展示。在数字化技术不断发展的今天，酒店应顺应时代发展的潮流，打破传统经营管理模式，力争在新的科技领域下打造酒店自有的线上平台，发展网络资源，激发市场活力，优化人才结构，从而推动行业变革、效率变革、数字经济变革。

（三）开展线上营销模式

酒店借用数字化技术，开展线上营销模式，可以从两个方面着手。第一，酒店自身要建立关于本城市独具特色的网站信息，主要包括酒店简介以及酒店产品更新以及酒店客户档案等，使客户对其酒店自身有整体了解，提高网站的应用性，不能停留在酒店介绍上，可以设计一个专栏，例如，将与酒店有合作的线上网站平台进行铺列，并且提供本网站的进入方式或者链接，可以自动跳转，增强客户的消费信心。第二，拓展酒店合作平台，专门设置预订网站，将酒店产品以实际优惠于线下的价格展示于此平台上，提高酒店整体入住率，扩大酒店客户群，提升酒店知名度，从而增加酒店收入。例如，速8酒店注重设计自己本品牌的酒店网站，通过搜索引擎推广：百度、搜狐等2 000余家多方网站机构，直接运用数字化技术，将各大网站链接运用于速8酒店的平台，从而运用网络缩短了与其客人的直接接触，提高了预订效率。再如，上海洲际酒店的"优悦会"专门成立自己的网络论坛，打造与洲际集团旗下具有名牌标识的网站论坛，使顾客可以直接在网站上进行选择购买、点评等项目，提高顾客购买率，加强品牌认知度。

四、传统酒店企业数字化转型升级策略

（一）传统酒店企业市场营销管理的数字化转型

营销的出发点是售卖产品和服务，以产品为基础，宣传的方式通过渠道传递给客户。互联网使得信息透明化，酒店能更精准识别目标客户，客户也可以了解到更多酒店，有更多的选择性。酒店营销以满足客户的需求，解决客户在住宿中的痛点，是实现酒店获得长期价值的重要途径。

1. 营销渠道数字化管理

渠道线上化连接到精准的客户群体，实现酒店线下线上联合运营模式。目前，酒店的销售渠道是以OTA第三方平台为主，主要是携程、飞猪和美团，业务量占酒店总业务量的60%。其余40%来源于酒店自有渠道，包括酒店销售团队发展的企业会员、酒店官方微信和官方网站。在携程、飞猪平台掌握流量主导权，占据酒店越来越大的订单量、不断增加的渠道费用和更加严苛的合作条款下，酒店借助微信小程序、拼多多电商类社交，抖音短视频电商平台

等新的销售渠道，通过双向互动形式，内容取胜的宣传和销售相结合的方式，吸引酒店的目标客户，发展其成为核心粉丝，构建酒店的私域流量，锁定核心用户。现如今，新兴媒体小红书、抖音成为"90后"的主要社交媒体，以内容驱动和情感共鸣获取关注和流量，社交类的内容渠道具有互动性、灵活性、参与度等优势，增加实体体验，数据分析更为准确。新冠疫情后，酒店的客户群体构成发生变化，公司业务、商务出行的订单量减少，"90后"的度假游、亲子游成为酒店接待的主要客户群体。天然独特连接优势是消费者发现品牌的优先渠道，KOL（意见领袖）话语权不断增加，个人渠道开始崛起，酒店在拓展社交媒体的宣传中，整合UGC用户原创内容资源，寻找匹配的博主，旅游类、高端酒店类的自媒体，开拓酒店的软营销，提高目标客户与酒店之间相互匹配的效率，增强顾客忠诚度、激发潜在消费。

开发酒店品牌APP渠道，从客人预期选择出行目的地，入住前的搜索开始建立联系，与客人之间建立双向沟通，客人可以从酒店APP获取客房、餐饮的信息介绍，查看酒店周边娱乐信息。酒店也可通过APP向客人发送新产品上新、住宿预定、优惠提醒等信息。客人入住后，可以在APP内办理入住，预订酒店内的餐饮、娱乐服务，与服务员进行沟通。以客户为中心的线上渠道，实现线上精细化运营，APP用户都是酒店的目标用户，建立长期的联系提升顾客的忠诚度，形成酒店自己的流量。线下服务场景与线上运营相融合，数字化的服务闭环，酒店消费数字化体验。第三方平台的取消政策不受酒店的控制，现在出行会受更多因素的影响，在酒店APP内向客户提供灵活的取消政策，避免因无法取消等原因降低客户对品牌的忠诚度。

2. 营销方式数字化管理

酒店宣传推广活动的成果取决于转换潜在客户的能力，优化活动的转化率是数字化的长期关注的指标，通过客户在网站停留时间、首页和预定流指标，优化宣传推广的内容和方式，改善用户体验，提高营销转换率。媒体宣传以广告投放为主，广告投放成功的关键是精准定位用户需求，在用户最需要的时候，将他们所需的产品和服务提供给他们。移动互联网和社交媒体贯穿整个客人的消费历程，客人搜索酒店、预订酒店、入住酒店、在店消费、离店退房。将移动互联网和社交媒体随时、随地、互动性和自动化、智能化技术相结合，线上渠道使得消费者随时在线，随时做出消费决策，营销也转变为随时在线的长期促销活动、季节性和特别促销相结合策略，更好实现营销目的。互联网提供的信息透明化，旅行者在出行前，提早做好旅行攻略，研究旅行的吃住行所有的信息，选择最优行程。每一位旅行者都像专家一样，非常了解目的地信息。对未来消费者而言，也将有更多的信息为旅行者所用。掌握了丰富资讯的旅行者，希望能够在合适的时间、地点，获取合适的旅行信息。酒店通过预订和实时网络搜索的旅游意向信号等信息，推送个性化的广告。营销人员采取更为精准的营销策略和完善的数据策略，更有效地触达潜在的旅行者和酒店的忠诚用户。

数字化可实现酒店与客户之间双向互动式营销，酒店公众号、官方 APP 平台、直播等方式与客户进行沟通，以满足客户需求为出发点，避免单项输出造成客户的反感，增加品牌亲和力。根据客户的需求，提供定制化的服务。广告投放方式，实现酒店客房内、外部环境的现场实时直播，360 度全景看房选房，客户真实感受到酒店的优质服务，激发购买的潜力。鼓励全员参与营销（内容营销），不仅从官方渠道进行宣传，员工参与营销，客户满意后通过互联网渠道，个人社交平台进行宣传。手机、电视和电脑上的流媒体应用程序极大地改变了消费者看电视的习惯，顾客开放共享让特色酒店专注改善服务体验，通过个体偏好"口碑营销"传播，让旅行者真实受惠。酒香还怕巷子深。酒店在满足客人隐私与不打扰的前提下，开始追逐"口碑传播"，"体验我们的服务后，给我们一个好评"，已成为一句通用的口头禅。除了第三方渠道评价，酒店注重点评，开启酒店全方位无死角点评时代。

（二）传统酒店企业组织运营管理的数字化转型

酒店组织运营的数字化管理能够提高组织内部的沟通效率，数据的分析能够为经营决策提供更科学的支持，实现酒店在组织结构、人力资源发展等方面的转型发展或重塑。

1. 人力资源数字化管理

酒店在组织结构方面，打破传统组织架构内的职级、部门间的上传下达的障碍，实行扁平化、网络化的协同合作办公，弱化雇主概念，降低管理者的鞭策与监督角色，提升员工的自发与自主管理的能力，促进个体创新价值的崛起，让员工和酒店成为事业发展的共同体。数字化使酒店的业务流程产生变化，相应的组织流程、沟通方式均发生变化。成立专门的流程管理部门，开展全业务域的流程梳理优化再造工作，解决业务协同问题。

在岗位设置方面，酒店数字化的推进需要数字化转型的负责人，设立首席数字官（Chief Digital Officer，CDO）岗位，具备酒店业务管理方面和技术方面复合型人才。CDO 能够协助总经理制定数字化转型战略，领导酒店数字化转型工作的全面展开，推进酒店数字化工作的开展。在数字化转型过程中，IT 工程部门不再是一个辅助性的地位，而是需要业务部门和 IT 工程部门共同参与，深度融合。对业务部门是数字化技术的业务应用，对于 IT 部门是业务问题的技术解决方案，两者共同合作，共同探索并致力于酒店空间价值的提升。随着营销渠道数字化水平的提升，数字化分析与营销内容运营是酒店运营能力建设的关键，传统的酒店销售部、工程部、运营部的角色转型以及职能的重新分配。酒店根据业务调整职位设置，在消费者行为数据观察、客户数据库管、新零售、短视频营销、社群运营方面投入更多的人力，适时新增数据分析、用户运营、内容营销、数据安全、客户关系管理、新媒体运营等岗位。借助移动、互联、智能的数字技术推动下，顺应行业的发展，以创造力、自驱力为主导的"无雇主"时代已经来临，传统雇佣社会将加速消失。未来，越来越多的企业将角色从管控转向赋能，升级为赋能、孵化平台，为更多创新者、创业者提供机会。采取"共享平台＋企业／个人"的组织形式，对于基础员工，需求量大、流动率高，采用灵活用工的方式，调节淡旺季的用工需求灵活性。

在招聘培训方面，互联网和大数据技术的普及，可以使得招聘信息与求职信息更加透明，从而提高员工的岗位匹配度，降低酒店离职率。酒店更鼓励员工成为技术化运营的参与者，精通数字科技，以更好地服务顾客。酒店提供高质量的服务需要酒店长期不间断的培训做支持，受新冠疫情影响，数字学习成为新常态，如今酒店人才学习的途径和渠道也非常多样化，如线下公开课、企业内训、线上视频，线上线下混合学习等，促使线上视频音频课在 2020 年有了突飞猛进，酒店教育短视频平台迅速发展，短视频课程需求量也远超疫情前。迅速增长的是线下和线上的混合学习，而直播课成为酒店课堂的标配。当前内部培养优于社会招聘的人才模式正在改变着酒店企业的培训方式和模式。如内部培训需求量将增加，定制式的培训服务成为主要的培训方式。

2. 财务数字化管理

酒店的财务工作中财务做账业务是使用金蝶系统完成的，其余的财务工作包括审核、报销、营收和成本核算、预算制定工作都是以人工借助办公软件完成，应用数字化技术完成从财务信息收集及财务核算的"上游"的数字化。引进智能化报账工作体系，以电子单据取代纸质单据凭证方便采集报销数据。实现报销单据的移动填报，员工按照财务流程要求完成费用填单、流程申报，领导移动审批，不受时间及地点限制，不仅提高填写报销单据的效率，还能加强管控的规范性。在报账流程中采用 OCR 技术进行发票识别，自动进行发票真伪查验、发票合规检查、抵扣联智能分拣，同时建立集团级的发票库，能够降低财务舞弊的风险。报账流程结束后，智能核算服务自动进行票据的传送、整理，自动实时的做账、记账、实时账表、财务分析、财务桌面等智能财务服务，并可借助财务机器人 RPA、智能助手等自动智能化财务处理，优化工作流程进行智能核算服务，自动生成凭证，各种常规政府报表的填报等。帮助业务部门更好地规划经营计划、经营资源，达到长期计划和短期计划、业务过程和财务结果的融合，实现卓越绩效。有利于年度预算分解为月度预算，方便随时查看月度指标完成情况。在使用过程中设置使用参数，不断使预测场景贴近于真实场景，实现能够从销售、利润、成本、现金流等多个角度进行分析的预算模型搭建。同时设立多层级预算，初算后细化颗粒度精算，将预算落实拆分到业务实处，达到业务驱动预算模型、预算反向指导业务的效果。

引进在线风险管控平台，实时控制和事前风险预警，进行酒店财务工作全生命周期的风险管理。在酒店业务发展中的关键风险点，设置风险识别模型，风险控制系统进行 AI 机器自动识别，不断提高风险识别的精度。相较于传统的简单规则逻辑判断，进行评分卡、模型、表达式等多种类型的逻辑嵌套，实现层次更加丰富的逻辑运算，融入了自言语言处理平台、流计算平台等，进一步提升了风险引擎的计算力和处理时效。这样实时锁定高风险业务、高风险客户、高风险员工、高风险组织、高风险期间，提高经营过程的规范性。

参考文献

[1]刁柏青，孟祥君，刘建. 企业数字化运营研究与实践[M]. 北京：中国电力出版社，2019.

[2]闪菲雅."互联网+"对制造业转型升级的影响研究[D]. 郑州：河南财经政法大学，2020.

[3]曾光伟. 基于成熟度模型的传统零售企业数字化转型研究[D]. 长沙：湖南大学，2019.

[4]姚乐，李红，王甲佳. 互联网+时代的数字化转型[M]. 北京：电子工业出版社，2017.

[5]王佳淏."互联网+"背景下城乡商贸流通一体化研究[D]. 石家庄：河北经贸大学，2020.

[6]陈芳. 中国数字经济发展质量及其影响因素研究[D]. 杭州：杭州电子科技大学，2019.

[7]刘婉. 制造企业数字化转型模式及其适应性能力研究[D]. 杭州：杭州电子科技大学，2019.

[8]张学会. 传统出版企业数字化转型研究[D]. 北京：北京印刷学院，2017.

[9]郭云武. 中小企业数字化转型双维能力与绩效关系研究[D]. 杭州：浙江大学，2018.

[10]汪怡迪. 互联网背景下服装企业数字化转型研究[J]. 浙江纺织服装职业技术学院学报，2020，19（03）：55-58.

[11]陈畴镛，许敬涵. 制造企业数字化转型能力评价体系及应用[J]. 科技管理研究，2020，40（11）：46-51.

[12]陈勇. 烟草企业数字化转型的探索研究[J]. 现代工业经济和信息化，2020，10（05）：73-74.

[13]吕卫清. 施工企业数字化转型升级路径与实践[J]. 施工企业管理，2020（01）：96-98.

[14]吴静，张凤，孙翊，朱永彬，刘昌新. 抗疫情助推我国数字化转型：机遇与挑战[J]. 中国科学院院刊，2020，35（03）：306-311.

[15]阮国荣. 建筑企业数字化建造基础平台开发初探[J]. 建筑施工，2019，41（04）.

[16]胡青. 企业数字化转型的机制与绩效[J]. 浙江学刊，2020（02）.

[17]孙杰，高志国，曲文涛. 数字化转型推动企业组织创新[J]. 中国经贸导刊，2020（01）.

[18]尹金，张原. 企业数字化转型路径及实践[J]. 中外企业家，2020（04）.

[19]郭云武. 中小企业数字化转型双维能力与绩效关系研究[D]. 杭州：浙江大学，2018.

[20]叶华文. 油气企业数字化转型发展现状研究[J]. 无线互联科技，2020（04）.

[21]王竹青，孙丽华. 大数据背景下企业集团数字化转型的建设与实践[J]. 商业会计，2020（03）.

[22]朱佳佳. 创新生态系统视角下跨境电商平台评价研究[D]. 石家庄：河北经贸大学，2020.

[23]张治军. 工业化与信息化融合对产业结构转型升级的影响研究[D]. 郑州：河南财经政法大学，2020.

[24]唐晓乐，刘欢，詹璐遥. 数字经济与创新管理实务研究[M]. 长春：吉林人民出版社，2021.09.

[25]易高峰，常玉苗，李双玲. 数字经济与创新创业管理实务[M]. 北京：中国经济出版社，2019.

[26]刘继承. 数字化转型2.0——数字经济时代传统企业的进化之路[M]. 北京：机械工业出版社，2021.

[27]龚勇作. 数字经济发展与企业变革[M]. 北京：中国商业出版社，2020.